Creada con un propósito

DARLENE Y BONNIE SALA

Inspiración para la vida

CASA PROMESA

Una división de Barbour Publishing, Inc.

© 2020 por Casa Promesa

Impreso ISBN 978-1-64352-452-8

Ediciones eBook:
Edición Adobe Digital (.epub) 978-1-64352-591-4
Edición Kindle y MobiPocket (.prc) 978-1-64352-592-1

Creada con un propósito
Título en inglés: *Created for a Purpose*
© 2020 por Darlene Sala y Bonnie Sala.

Desarrollo editorial: Semantics, P.O. Box 290186, Nashville TN 37229, semantics01@comcast.net

Publicado por Casa Promesa, 1810 Barbour Drive, Uhrichsville, Ohio 44683, www.barbourbooks.com

Nuestra misión es inspirar al mundo con el mensaje transformador de la Biblia.

Member of the
Evangelical Christian
Publishers Association

Impreso en Estados Unidos de América.

DEDICADO A

*las «Chicas de estudio de la Biblia de la puerta de al
lado» de Darlene, con un amor especial a Sandi
las «medio hermanas» de Bonnie: Carolyn, Dana,
Cindy, Raylene, Eileen, Sarah, Vikki, Kathy D,
Maria, Pam y Kathy K. ¡Somos mucho mejores juntas!
Y a Karissa. Algún día leeremos sus libros.*

CONTENIDO

INTRODUCCIÓN

Hace más de veinte años que escribí la edición original de *Creada con un propósito*. Entonces, ¿por qué esta nueva edición ahora? Para las mujeres, en el mundo han cambiado muchas cosas, y a la vez nada. He escrito con mi hija Bonnie porque ella ha vivido mucho de ese cambio. Mientras escribía, trabajaba con un grupo de discusión de mujeres que están dando sus primeros pasos en la vida.

Sí, las culturas han cambiado mucho, pero muchos de los problemas que enfrentamos las mujeres y el clamor de nuestros corazones no han cambiado. Las mujeres todavía necesitan saber que fueron *creadas con un propósito*.

Ahora hay un pequeño fenómeno llamado *redes sociales* que tiene un gran impacto en nosotras. Antes, las opciones en la vida de una mujer eran relativamente limitadas, ahora la mayoría trabajamos para ayudar a poner comida en la mesa y tenemos nuestras carreras. Pero aun así nos enfrentamos a limitaciones; estamos desbordadas y a menudo nos sentimos *insuficientes*.

Bonnie y yo oramos para que este libro te ayude a dirigirte a tu propósito y a Quien te da valor.

Darlene

CAPÍTULO 1

Surcar el dolor que es la vida

Por qué necesitas saber quién y de quién eres

Mi marido me dejó por la esposa de otro hombre y se casó con ella. Estuvimos casados veintinueve años y medio. Mis hijos, cinco, y yo no teníamos ni idea de cómo se sentía él. Tres meses antes de que me pidiera el divorcio, recibí por correo una tarjeta suya firmada: «A la mejor esposa del mundo entero, todo mi amor para siempre». Mi vida entera ha cambiado, hacia adentro y hacia afuera. Dolor... nunca he sentido tanto dolor. Casi me mato. Desearía poder cerrar los ojos, despertar y descubrir que todo es un mal sueño.

¿Sientes la angustia que hay en el mensaje de esta mujer?

Hablamos y escuchamos a mujeres de todo el

mundo. Por supuesto, nos encanta escuchar a las personas cuyas vidas han sido cambiadas al oír lo que Dios dice de ellas en su Palabra, la Biblia. Son mujeres que han actuado según lo que escucharon y han visto sus vidas transformadas. Estas historias de fe y redención elevan nuestro corazón.

Pero muchos de los mensajes que recibimos no son muy agradables de leer. Algunos, como el anterior, están llenos de dolor; otros proceden de mujeres que están soportando más de lo que nadie debería afrontar en toda una vida. Estas mujeres han caído en un foso tan profundo que ya no pueden ver ni siquiera un diminuto anillo de luz del sol sobre ellas.

Una mujer estaba tan desesperada que se planteaba quitarse la vida. Su carta era un grito de socorro que no podía ser ignorado.

Acabo de escuchar su charla de cinco minutos sobre el suicidio.
He pasado la mayor parte de la noche sopesando los pros y los contras del suicidio.
La depresión no se va a ir. Ya no puedo

soportarlo más.
La medicina no ayuda. No hago más que
llorar. ¿Dónde está Dios? Por favor, envíeme
el libro que ha mencionado.
Solo espero seguir aquí cuando llegue.

No todos los mensajes que nos llegan son tan dramáticos, pero todos tocan el corazón. Algunos son de madres tan agobiadas con el cuidado de sus pequeños y con llegar a fin de mes que sienten que sus vidas no tienen ningún valor. No tienen tiempo para nada más que para su lucha diaria por la supervivencia, y esa lucha ha enterrado su identidad. No solo no ven ni sienten la presencia de Dios, sino que quizás no conocen o pueden haber perdido todo el sentido de su valor a los ojos de Dios.

Es medianoche, y aquí estoy escribiéndote. Se
supone que debo confiar en Jesús. Hoy miro a
él, pero no hallo consuelo. Lo que me perturba
es... yo ¿quién soy? Solo tengo diecinueve años.
Mi madre y mi padre ya no están. Soy la
menor de nueve hermanos. Tengo dos hijos a

los que amo, y son toda mi razón de vivir. Por
favor, escríbeme.

En realidad, todos sufrimos de una u otra manera en esta vida. Nos traiciona alguien a quien amamos; sufrimos una pérdida inesperada, la enfermedad nos ataca y la desesperanza se apodera de nuestras vidas. Dios parece estar muy lejos. Algunas sobreviviremos y reconstruiremos nuestras vidas. Otras solo caerán más y más profundamente en la desesperación.

¿Qué es lo que marca la diferencia? Nuestra experiencia es que una mujer que entiende lo que Dios dice sobre ella navega por el dolor de su vida de manera diferente. Si vives una vida con un sentido real de quién eres y de a quién perteneces, tienes recursos más allá de ti misma. Tienes algo llamado gracia de Dios, que marca toda la diferencia.

La mayoría de las mujeres, sin embargo, tienden a buscar su sentido de identidad y de valía de tres fuentes: sus logros, su apariencia y sus relaciones. Por desgracia, como veremos más adelante, las tres son susceptibles de cambio. No importa cuán talentosas seamos, algunos de nuestros esfuerzos fracasarán; la enfermedad y el envejecimiento se abren camino; y, de una forma u otra, incluso la mejor y más amorosa relación llega a su fin en este mundo.

Pero hay buenas noticias. Como mujeres, nuestra identidad y autoestima no tiene por qué depender de ninguna de estas cosas. Tenemos una identidad y un valor inestimables que proceden de una fuente que nunca cambia. Cada una de nosotras puede llegar a conocer su valor a los ojos de Dios. «La novia, una princesa, luce gloriosa en su vestido dorado», dice Salmos 45:13 (NTV). Por medio de Jesucristo, podemos ser hijas del Rey y verdaderamente gloriosas a los ojos de Dios gracias al poder transformador de su Hijo.

Steve Arterburn, fundador y presidente de New Life Ministries, dice que el objetivo de la consejería secular es hacerte sentir *bien* contigo mismo, pero el objetivo de la consejería bíblica es hacerte sentir *correctamente* contigo mismo. Ese es también el objetivo de este libro. Lo hemos escrito para mujeres porque luchamos con lo que somos y lo que nos da valor de maneras muy diferentes y, posiblemente, más que los hombres. Las cartas más desgarradoras que hemos recibido son de mujeres.

Esto no significa que los hombres se sientan mejor consigo mismos solo por ser hombres. Desde la infancia, los varones están condicionados a actuar, no a sentir. Sabemos que sí sienten, pero lo que vemos son sus acciones, no su dolor. Para un hombre, el dolor emocional es algo que hay que tragarse y negar. A veces, ni siquiera sus esposas sospechan que están sufriendo. Los logros, de cualquier tipo, aportan un sentido de valía, y si hay algo que se enseña a los hombres de hoy es a conseguir logros en el mundo, a vencer al de al lado, y a demostrar tu valía en tu vida diaria con tus acciones, no con tus sentimientos.

Por otra parte, las mujeres están condicionadas para cuidar de los demás, ser solidarias y verse a sí mismas en términos de sus relaciones con los demás. Incluso de la profesional de más éxito, si es casada, se espera que tenga a sus hijos con ropa limpia, celebre sus noches de cita semanales con su marido, se mantenga en forma, se lleve bien con todos en la oficina o en su comunidad y en su «tiempo libre» aporte a la vida de los demás. Si es capaz de hacer todo esto con gracia, buen humor y amor, los demás la respetarán, y su respeto aumentará su autoestima.

¿Te das cuenta de cómo esto deja a las mujeres con las peores opciones? Al varón se le permite más margen en su vida personal y profesional. Si es un triunfador, será respetado y bien considerado aunque trate fatal a los demás y tenga unas pésimas habilidades interpersonales. Las mujeres, por otro lado, deben ser agradables y cuidadosas mientras procuran sus logros. Sarah, una agente inmobiliaria de treinta y dos años, dice: «De nosotras se espera que, como mujeres, seamos dulces, amables, cariñosas, agradables, interesadas, etc., que son todas grandes cualidades, pero también se espera que estemos en segunda fila, hablemos suave, dejemos primero al hombre como líder y permanezcamos a su lado».

El éxito de una mujer está a menudo ligado a cómo la ven los demás. Pero, si tu sentido de lo que vales depende de lo que los demás piensen de ti, eso no puedes controlarlo. Con frecuencia no basta con hacer bien un trabajo; una mujer de gran éxito sufrirá descrédito si no le cae bien a la gente. Puede que hoy estés cansada y luchando, tratando de averiguar quién eres en realidad, con un sentido incorrecto de tu propia valía. Tal vez esto se oculte tras un trastorno de la alimentación, bebiendo, con compras compulsivas, tras la depresión, el miedo, la obsesión por el aspecto, por la presencia en redes sociales, o tras otros comportamientos.

Podemos actuar, tomar decisiones muy malas y dejar que nos traten fatal sin saber quiénes somos, de quién somos y por qué vivimos. Estos comportamientos solo indican la existencia de un problema subyacente. Debemos ocuparnos de su causa, no limitarnos a poner una venda e ignorar la infección. Si lo ignoramos, el problema se manifestará con otra serie de síntomas.

Si estás luchando con estos temas, nos gustaría abrazarte y recordarte que Dios te ama, que eres valiosa para él, y que él te hizo como la expresión misma de su belleza.

Aunque en este libro no encontrarás consejos específicos sobre estos dolorosos problemas individuales, esperamos darte una base, un fundamento, para comprender tu valor, sean cuales sean tus dones, historia, defectos o limitaciones. Quizás necesites ayuda o asesoramiento adicional para tratar un tema concreto, pero, para construir un sentido duradero de quién eres y de lo que vales, primero necesitas un buen fundamento, no basado en lo que *haces*, sino en quién *eres*. No, puede que no te sientas bien contigo misma todos los días, pero, si te ves como Dios te ve, puedes sentirte *correctamente* contigo misma todos los días. Sabrás que eres una persona de valor para Dios y que él está obrando en ti para brindarte una vida rica y satisfactoria a través de su Hijo, Jesús, y para mostrar su gloria a través de ti.

Aimee Lee Ball recuerda una escena de la película *Pretty Woman*:

> *Se me ocurrió que muchas de nosotras tenemos la misma duda que perturbaba al personaje de Julia Roberts. Hay una escena en la que le dice al rico hombre de negocios interpretado por Richard Gere que nadie planifica ser una prostituta, que ella cayó en esa clase de trabajo porque no pensaba mucho en sí misma. Gere objeta que ella es una persona especial con mucho potencial y capacidades. Y ella responde:*

«Lo malo siempre es más fácil de creer».[1]

Así que, comencemos con lo que Dios dice de ti.

ABRAZA LA PALABRA

«He venido para que tengan vida y la tengan en abundancia»
JUAN 10:10

Jesús no quiere que tengas una vida seca, constreñida por las dudas y los temores en torno a tu valor. No, él quiere que tengas una vida plena y rica. Eso es lo que dice este versículo del Evangelio de Juan: Jesús quiere que *vivas* de verdad. La gente que no conoce a Cristo tiende a pensar que la vida que él ofrece está llena de reglas y restricciones legalistas. Pero Jesús te ama tanto que vino al mundo y murió para que, por medio de él, pudieras tener una vida real, una vida plena para siempre.

La manera de Jesús de acercarse a las mujeres y relacionarse con ellas era totalmente revolucionaria

---

[1] Aimee Lee Ball, «Women and the Negativity Receptor», *O, The Oprah Magazine*, 8 agosto 2008, https://www.oprah.com/omagazine/why-women-have-low-self-esteem-how-to-feel-more-confident/all.

en su época. «En un contexto cultural que minimizaba la dignidad de las mujeres e incluso las despersonalizaba, Jesús afirmó audazmente su valor y se beneficiaba de buen grado del ministerio vital de ellas. Hacía algo tan inusual como hablar libremente con las mujeres, y en público nada menos (Juan 4:27; 8:10-11; Lucas 7:12-13)».[2]

Vino por las mujeres, tanto como por los hombres. Si lees los Evangelios, que cuentan la historia del tiempo en que Jesús estuvo aquí, descubrirás cuántas de sus historias tienen que ver con las mujeres. Jesús nunca dejó de acercarse con amor, compasión y sanidad a cada mujer con la que se encontraba. Vino al mundo especialmente por todos aquellos a quienes el mundo ignora, por todos los que sufren bajo una pesada carga, por todos los que se sienten inútiles y heridos.

Podemos estar seguros de que cuando dijo: «He venido para que tengan vida y la tengan en abundancia», estamos incluidas en el gran propósito de su venida a la tierra. Él vino a redimirnos y restaurarnos a todos para siempre, para que podamos

[2] Kevin DeYoung, «Our Pro-Woman, Complementarian Jesus», *TGC*, 15 febrero 2016, https://www.thegospelcoalition.org/article/our-pro-woman-complementarian-jesus/.

tener una vida plena y rica, libre de dudas y miedos. Vino a la tierra y se dio a sí mismo como sacrificio para que pudieras reconciliarte con Dios y tener una vida real, una vida plena para siempre.

Jesús se acerca hoy a ti con ese mismo amor compasivo. Quiere sanar tus heridas. Tú eres preciosa para él. Cuando mires a él y lo que dice de ti, encontrarás la superación de todas las dudas sobre tu propio valor. Él quiere que vivas la vida al máximo.

VAYAMOS MÁS LEJOS...

1. ¿Qué te hace sentir bien contigo misma?
2. Enumera algunas de las formas en que ves que las mujeres actúan movidas por un pobre sentido de autoestima.
3. Cuando observas tu propia vida, ¿ves alguno de estos comportamientos?

Cada vez que te mires al espejo esta semana, recuerda: «Soy preciosa para Jesús».

A veces, Dios mío, siento que no puedo hacer nada bien. Me esfuerzo mucho, pero nunca puedo hacer todas las cosas que siento que debería. ¡Siempre dejo algo sin hacer, o lo hago, pero no muy bien! A veces me siento tan frustrada y desanimada que solo quiero rendirme. En momentos así, no me gusto mucho a mí misma. Amado Dios, ayúdame a acudir a ti cuando me sienta así. Recuérdame que puedo sentirme correctamente conmigo misma incluso en los días en que no me siento bien conmigo misma. Gracias porque me amaste tanto que enviaste a Jesús. Gracias por la vida plena y abundante que me ofreces.

Amén.

CAPÍTULO 2

❧

La dignidad de una mujer

Nuestros valores y los valores de Dios

Las mujeres han mantenido diálogos intensos y públicos entre ellas sobre si deberían «tender» a ser más agresivas en sus carreras; si está bien incluso mencionar el género de una mujer cuando se escribe sobre sus logros científicos; si en una esquela se pueden comentar las habilidades domésticas de la fallecida (y a qué párrafo corresponde dicha información); si las mujeres de las escuelas Ivy League deberían aprovechar para buscar marido entre sus compañeros intelectualmente iguales (o si eso es una conducta antifeminista profundamente regresiva); y si una mujer CEO está traicionando al colectivo femenino si prohíbe el teletrabajo.[3]

[3] Gene Weingarten, «Why Is the Feminist Movement in an Identity Crisis? Just Look at the Back of Your Jeans», *Washington Post*, 25 abril 2013, https://www.washingtonpost.com/lifestyle/magazine/why-is-the-feminist-movement-in-an-identity-crisis-just-look-at-the-back-of-your-jeans/2013/04/24/000d54c2-9e18-11e2-a941-a19bce7af755_story.html?utm_term=.84d26a6a82ff.

Si estás leyendo esto, lo más probable es que seas una mujer, y seguro que tu vida es probablemente muy compleja. Tu abuela, y desde luego tu madre, vivieron en tiempos mucho más sencillos. Las opciones de que disponían en la vida eran pocas; las mujeres eran cuidadoras: esposas y madres, posiblemente con carreras de corta duración como profesoras o enfermeras. Luego vino el movimiento feminista, que nos dijo que era hora de asumir el mando de nuestras propias vidas, hacer lo que quisiéramos cuando quisiéramos. A primera vista, parecía una buena idea; y a nadie le disgustaba cuando los salarios de las mujeres empezaron a subir y algunas de las que habían merecido ascensos durante años finalmente los recibieron. Pero esas cosas tienen un precio. De repente, a una mujer feliz en un rol tradicional de esposa y madre se le decía que se estaba restando valor. ¿Por qué no estaba ahí fuera produciendo como un hombre? Después de años de escuchar que su trabajo era criar a la siguiente generación y encontrar su identidad haciéndolo, de repente, si eso era *todo lo* que hacía, era una fracasada, una decepción para las demás mujeres. No, ahora se esperaba de ella que tuviera una vida profesional. Y, al mismo tiempo, seguía siendo responsable de las necesidades de su familia. Los padres quizás «ayudaran» más, pero la principal responsabilidad del bienestar diario de la familia siguió recayendo directamente sobre los hombros de la mujer. De alguna manera, ella tenía que hacerlo todo.

«Cuando pienso en lo que siento que se espera de mí hoy en día como mujer, la única palabra que me viene a la mente es "más"», dice Emily, una asesora de inversiones de veintiún años.

«Hoy en día, las mujeres de clase media tienen "más" en el sentido más positivo de la palabra: más representación, acceso a la educación y capacidad de forjarse una carrera. Vemos en nuestros propios lugares de trabajo lo que sufren nuestras colegas que son madres para compatibilizar la familia y la carrera profesional. La labor emocional de ser madre y esposa no ha cambiado. Mis compañeras de trabajo siguen siendo las primeras a las que llaman desde la escuela cuando su hijo se pone enfermo. Siguen siendo las encargadas de planificar las fiestas de cumpleaños. Siguen siendo las que se aseguran de que todos los miembros de su familia estén seguros, sanos y contentos. Con el aumento de mujeres en el mundo laboral, estas expectativas no han desaparecido. Las mujeres, más bien, aceptan en silencio esta realidad mientras asumen la misma cantidad de trabajo profesional que sus compañeros masculinos».

La verdad es que nadie puede hacerlo todo, al menos no sin sacrificar algo. Si una mujer le roba tiempo a su familia para tener éxito en los negocios, vive atormentada por la culpa. Si sacrifica su carrera por el bien de su familia, puede sentir que no está haciendo buen uso de sus talentos ni ayudando a su marido a mantener a la familia. Sea como sea, no puede ganar.

Indra Nooyi es considerada una de las cien mujeres más poderosas del mundo. Como primera mujer directora general de PepsiCo, ganaba un salario anual de casi treinta millones de dólares, y durante su liderazgo en la compañía los ingresos aumentaron en un ochenta por ciento. Sin embargo, cuando dejó PepsiCo, comentó: «He sido bendecida con una carrera increíble, pero, si soy honesta, ha habido momentos en los que desearía haber pasado más tiempo con mis hijos».

Nooyi contó que su hija le escribió una carta cuando tenía unos cuatro o cinco años, donde decía: «Querida mamá, por favor, por favor, por favor, por favor, ven a casa. Te quiero, pero te querría más si volvieras a casa». Nooyi dijo que guardaba esa carta para recordarle lo que había perdido.

La noche en que fue ascendida a directora general de PepsiCo, salió de la oficina a primera hora de la noche (en lugar de trabajar hasta la medianoche como solía hacer) para ir a casa y compartir la noticia con su familia. Su madre la encontró en la puerta y le pidió que fuera a buscar leche para el desayuno de la mañana siguiente. Cuando le preguntó a su madre por qué no había enviado antes a la empleada doméstica por la leche, su madre le explicó que lo había olvidado. Nooyi le preguntó entonces por qué no le había pedido a su marido que trajera la leche, ya que llevaba varias horas en casa. «Estaba cansado», respondió ella. Nooyi fue por la leche.[4]

En cierto modo, para las mujeres todo ha cambiado. Y nada ha cambiado. Brittany, gerente de negocios de 35 años, dice: «Se espera de nosotras que

---

[4]Marilyn Haigwwh, «Indra Nooyi Shared a Work Regret on Her Last Day as PepsiCo CEO», *Make It CNBC*, 3 octubre 2018, https://www.cnbc.com/2018/10/03/indra-nooyi-shares-a-work- regret-on-her-last-day-as-pepsico-ceo.html.

tengamos hijos como si no trabajáramos, y que trabajemos como si no tuviéramos hijos, manteniendo la casa en orden, preparando comidas orgánicas, cuidando nuestro aspecto... y manteniendo una relación con nuestro marido».

Las jóvenes de hoy crecieron empapadas del movimiento de autoestima de los años noventa. Educadas para amarse a sí mismas, las tareas escolares ya les enseñaban lo especiales que eran, y la teoría en boga era que una alta autoestima las llevaría al éxito, a pesar de las presiones sociales que las arrastraban de un lado a otro. Ahora que todos los bolos con los que ellas estaban haciendo malabares se han venido abajo, ¿qué queda? Sin un sentido de identidad, valor y valía independiente de lo que logramos o no, con la continua opresión que se da en muchas partes del mundo no occidental, las mujeres a menudo se enfrentan a lo que se ha llamado «la lógica desesperación de la feminidad».

Las mujeres de todo el mundo somos más propensas que los hombres a experimentar angustia psicológica. El suicidio se ha convertido en la principal causa mundial de muerte entre las adolescentes de entre 15 y 19 años, según confirma el director fundador del Centro para la Salud Mental Mundial, Vikram Patel: «La razón más probable [*sic*] es la discriminación de género. Las vidas de las mujeres jóvenes [en el sudeste asiático] son muy diferentes de las vidas de los hombres jóvenes en casi todos los sentidos». Observó que las mujeres de la India a menudo se sienten desoladas al enterarse de cuán limitadas son sus opciones de vida a causa de su género. «El cincuenta por ciento de quienes intentan suicidarse en China e India no tienen enfermedades mentales —continuó—. Sufren una lógica desesperación».[5]

Cuando te preguntas: «¿Soy una persona de valor?», si tu respuesta es afirmativa, tienes un sentido de tu autoestima. Si no estás segura o si realmente crees que tienes poco valor en este mundo, tu vida será una lucha constante. Tu mundo interior será una montaña rusa en la que pensarás estar bien un día y no tan bien al siguiente. Si contemplamos nuestro valor desde una perspectiva humana, siempre veremos algo «defectuoso y débil». Podemos

[5] Joanna Rothkopf, «The "Logical Despair" of Womanhood: Women Are Much More Likely to Suffer Psychological Distress Than Men», *Salon*, 29 mayo 2015, https://www.salon.com/2015/05/29/the_logical_despair_of_womanhood_women_are_much_more_likely_to_suffer_psychological_distress_than_men/.

pasar de estar relativamente felices con nosotras mismas a estar inseguras y, sí, a la desesperación. Pero la perspectiva de Dios es eterna y, por su poder, *podemos* hacer las cosas para las que nos ha creado a cada una.

Sin embargo, esto no significa que podamos hacer literalmente todo: forjarnos una carrera exitosa, criar hijos increíbles, ser grandes amantes y amigas siempre sonrientes. No, siempre seremos «de barro», y nuestro marco físico, por no mencionar el emocional, simplemente no puede «hacerlo todo». Pero cuando nuestra dignidad proviene de lo que Dios dice de nosotros, cuando estamos seguras en *él*, encontramos que tenemos mayor sabiduría para discernir qué cosas nos llama a hacer el Espíritu de Dios y cuáles son realmente innecesarias. Podremos dejar mejor nuestros fracasos en manos de Dios, sabiendo que es su fuerza, no la nuestra, la que actúa en nuestras vidas. Él puede hacer que todo sea para su gloria, a pesar de nuestra debilidad personal.

ABRAZA LA PALABRA

«Porque te amo y eres ante mis ojos precioso
y digno de honra».
Isaías 43:4

El doctor W. David Hager, en su libro *As Jesus Cared for Women*, expresa algunas de las preocupantes crisis de identidad que hemos comentado en este capítulo, cosas que sacuden nuestro sentido de dignidad como mujeres.

«¿Debo seguir la carrera profesional, la personal o el matrimonio?» «¿Debo ser fuerte o tímida?». «¿Puedo vivir satisfecha siendo soltera?».
Al tener un ritmo de vida tan agitado, muchas mujeres nunca se detienen lo suficiente para tomar decisiones cuidadosas sobre estos asuntos. Solo un amoroso Padre celestial puede guiarlas, a través del frenético laberinto, a un lugar de paz y gracia. Sin embargo, es difícil escuchar su voz cuando están agobiadas por las excesivas exigencias del trabajo, la familia y los amigos. Lleva tiempo escuchar a Dios, pero estos momentos de meditación son importantes porque es cuando

Dios puede inculcar a la oyente que su verdadera
dignidad y valor se encuentran en la intimidad
de su relación con él.[6]

VAYAMOS MÁS LEJOS...

1. ¿Has tenido luchas con intentar hacerlo todo, con ser «suficiente»?

2. ¿Cómo ha ayudado el movimiento feminista a las mujeres? ¿Te parece que nos ha hecho daño?

3. ¿Hay algún «espacio en blanco» en tu vida, un tiempo de inactividad donde puedas escuchar a Dios hablarte personalmente?

Señor, tu libro, la Biblia, me habla de tu amor por
mí. Ahora que me tomo un tiempo para reflexio-
nar en silencio sobre mi valor a tus ojos, por favor,
háblame personalmente. Necesito estar segura de
quién soy en ti y de que soy tuya.
Amén.

---

[6] W. David Hager, *As Jesus Cared for Women* (Grand Rapids, MI: Fleming H. Revell, 1998), 87.

CAPÍTULO 3

❧

Cómo prevenir una crisis de identidad

Lidiar con los cambios de la vida

Hoy en día, hay más voces que nunca diciéndote quién deberías ser, cómo debería ser tu cara, tu cuerpo, tu ropa, tu casa, tu familia y tu vida social, ¡y cuáles deberían ser tus logros! La teoría de la «comparación social» explica cómo determinamos nuestra autoestima personal sobre la base de nuestra comparación con los demás. Es sorprendente pensar que todavía se considere una «teoría». La mayoría de nosotras probablemente admitiría que no podemos evitarlo: inconscientemente, nos comparamos con todas las imágenes bellamente editadas y con filtros que vemos en las redes sociales todos los días. Hay pocas de nosotras que no hayan caído en la trampa de la comparación.

Este es el primer momento en la historia en que una mujer ha tenido la oportunidad de ver imágenes sin fin de otras mujeres. La autora Beth Moore señala que «la mayoría de nuestras tatarabuelas tenía acceso a unos pocos cientos de mujeres con las cuales compararse».[7] Sobre todo si eres milénica, has crecido con las redes sociales de tal manera que su consumo es tan natural como respirar y beber agua. ¿El resultado? «Ya no nos sentimos inferiores a otras diez mujeres, como pudieron haberse sentido nuestras bisabuelas. Nos sentimos inferiores a miles y, como consecuencia, nos tornamos cada vez menos satisfechas con nosotras mismas, hasta llegar a vivir la mayor parte de nuestra vida en una pendiente resbaladiza de autodesprecio [...] somos las pocas patéticas en todo el universo que no podemos seguir el ritmo».[8]

Como ahora somos una aldea global 24-7, la presión es mundial. Julia Peters, de veintidós años, vive en Leicestershire, Gran Bretaña. Dice: «Hay una regla no escrita sobre qué aspecto debes tener en tus fotos, cómo debes maquillarte y qué filtro debes usar. Muchas no pueden soportar la ansiedad si

---

[7] Beth Moore, *Hasta luego, inseguridad: has sido una mala amiga* (Carol Stream, IL: Tyndale House Publishers, 2010), p. 90.

[8] Ibíd.

ven que alguien ha criticado una foto o publicado otra que luce mejor que la suya».[9]

Las mujeres, especialmente las jóvenes de entre catorce y veinticinco años, están experimentando depresión y ansiedad a una escala sin precedentes. «Mi ansiedad está interfiriendo en mi vida», es una de las «Seis cosas que los milénicos traen a la terapia», junto con «Me siento como si fuera un fraude».[10] «No tenemos ninguna posibilidad», escribe la bloguera de 26 años Alexa Tanney. «¿Quién tiene una oportunidad frente a alguien que es casi perfecto? ¿Y no es eso lo que *todo* el mundo está haciendo básicamente en la red? ¿Creando las versiones perfectas de sí mismos?».[11]

En el viaje de ser niña a ser mujer y mientras navegamos por las diferentes estaciones de la vida, la pregunta a la que enfrentarnos siempre debería

[9] Sarah Marsh y Guardian Readers, «Girls and Social Media: "You Are Expected to Live Up to an Impossible Standard"», *The Guardian*, 22 agosto 2017, https://www.theguardian.com/society/2017/aug/23/girls-and-social-media-you-are-expected-to-live-up-to-an-impossible-standard.

[10] Brittany Wong, «The 6 Things Millennials Bring Up Most in Therapy», *HuffPost*, 27 septiembre 2018, https://www.huffpost.com/entry/millennial-therapy-issues_n_5a0620f2e4b01d21c83e84d2.

[11] Alexa Tanney, «Social Comparison Theory: How Our Social Media Habits Make Us Unhappy», *Elite Daily*, 7 mayo 2019, https://www.elitedaily.com/life/media-affects-self-worth/1055695.

ser *¿Quién soy?* Sin embargo, es probable que nos preguntemos ansiosamente y a diario: *¿Qué se espera de mí? ¿Cómo me presento ante los demás?* La forma en que nos definimos como personas ha cambiado. Por desgracia, ahora comienza a los ocho o nueve años de edad. (Estamos cultivando el yo *online* de nuestros hijos desde su nacimiento, o incluso antes, en el útero. El noventa y dos por ciento de los niños estadounidenses están presentes en la red antes de los dos años).[12] La consejera Chrystal Wilson Payne dice que las chicas se están «creando una imagen en las redes sociales, fingiendo ser algo antes de tener ni idea de quiénes son, lo que provoca una crisis de identidad que suele notarse en la mediana edad. Las chicas empiezan su juventud en crisis. Hemos visto un cambio en la participación de las jóvenes en el daño causado a sí mismas, hay depresión y ansiedad en todos los entornos socioeconómicos y raciales».[13]

Sí, cualquiera puede terminar en una crisis de identidad. Los períodos de incertidumbre, confusión

[12] Nancy Jo Sales, «Social Media and Secret Lives of American Teenage Girls», *Time* , s.d., https://time.com/americangirls/.

[13] Chrystal Wilson Payne, entrevista con Nicole Steele, *podcast* de Priceless Perspective, 24 abril 2019, *podcast* de *New York Times Book Review*, 22 abril 2007, https://shows.pippa.io/pricelessperspectivepodcast/episodes/ep-03.

e inseguridad nos llegan a todas en un momento u otro, especialmente en tiempos de cambio. Cuando nuestra identidad se basa en las etiquetas que llevamos, nos convertimos en candidatas para sufrir la crisis. Soy estudiante. Soy deportista. Soy madre. Soy esposa. Soy empleada. Todos nuestros roles en la vida están sujetos a cambios, y podemos perdernos en estos roles. Las madres se pierden en la maternidad. Las esposas se pierden en los malos matrimonios o en la búsqueda del matrimonio. Podemos perdernos en la persecución de una carrera profesional o de relaciones sociales.

Sin embargo, cuando te miras en el espejo, te ves en una foto o te acuestas en la cama por la noche con las luces apagadas, ¿te sientes cómoda con quién eres o no cumples tus propias expectativas? Muy pocas personas están tan seguras que no dudan nunca de sí mismas. Todas nos sentimos inadecuadas a veces.

Mariem Sherif, una bloguera egipcia, describe a su amiga en crisis:

Mi mejor amiga me ha dicho recientemente

lo asustada que está pensando en su vida. Me
decía que no sabe si está haciendo algo que
importe o si su carrera es lo que quería hacer
o lo que se vio obligada a hacer. Me decía que
incluso ha estado pensando en el amor y que no
puede ver que alguien pueda amarla algún día
porque no sabe qué hay de especial en ella que
pueda hacer que la amen. No sabe quién es.[14]

¿Y cuál es tu situación en este momento?

- ¿Te sientes inadecuada la mayoría de las veces?
- ¿Encuentras que eres una persona diferente según estás en diferentes relaciones o en diferentes ambientes?
- ¿Estás permitiendo que alguien te maltrate?
- ¿Anhelas más significado, pasión y propósito?
- ¿Ha habido cambios importantes en tu vida. como un divorcio, una muerte, una graduación, la pérdida de un trabajo, cambios en tu apariencia física o en tus capacidades?

---

[14] «Read This When You're on the Brink of an Identity Crisis (or Already Deep in One)», *Thought Catalog*, 7 febrero 2017, https://thoughtcatalog.com/mariem-sherif/2017/02/read-this-when-youre-on-the-brink-of-an-identity-crisis-or-already-deep-in-one/.

¿Qué tan vulnerable eres a una crisis de identidad? Examina estos pensamientos para evaluar tu vulnerabilidad:

PASO 1:

Sé honesta contigo misma sobre lo que te da tu sentido de dignidad personal. Enumera las cosas buenas que hay en ti, así como las que te parecen partes importantes de lo que eres. Debes ser radicalmente sincera en esto. No escribas lo que crees que la lista debe incluir, sino lo que sinceramente crees. Podría incluir:

1. Tu apariencia (no solo la belleza, sino lo que haces con tu apariencia: el cuidado de ti misma, tu sentido del estilo, etc.)
2. Tu carrera o misión en la vida
3. Tu papel como soltera o casada
4. Tu papel como madre, si es el caso
5. Lo que Dios dice sobre tu valor (ten cuidado aquí. Es fácil escribir algunos versículos de la Biblia sin pensar en qué se ha convertido en una realidad para ti)

6. Lo que otros dicen de ti, incluida tu familia (¿la afirmación verbal refuerza tu sentido de dignidad?)
7. Tu inteligencia
8. Tu estado de forma física
9. Tu personalidad (la capacidad de hacer amigos y relacionarte con otras personas)
10. Tu carácter (¿Te gusta vivir contigo?)
11. Tus capacidades (sociales, artísticas, etc.)
12. Tus logros, pasados y presentes

_____

_____

_____

_____

_____

_____

Ahora, ¿qué más cosas te dan un sentido de dignidad personal? Escríbelo todo.

_____

_____

_____

_____

_____

_____

_____

Lo que has anotado en tu lista te dirá:

1. Quién eres
2. Qué haces

PASO 2:

Después de hacer tu lista, pregúntate: «¿Cuál de estas cosas puede cambiar o desaparecer en algún momento de mi vida?». Pon una marca junto a cada fuente de identidad que pueda cambiar. Insisto, sé honesta contigo misma. En este momento, tu matrimonio puede estar bien, pero ¿podría eso cambiar en el futuro? (Las estadísticas dicen que lo más probable es que tu marido muera antes que tú. Tarde o temprano, la mayoría de las mujeres se quedan viudas). En este momento, tus hijos pequeños son agradables y cariñosos, pero ¿serán igual cuando sean adolescentes o jóvenes adultos? Ahora mismo, puede que te gustes a ti misma, pero ¿te sentirás igual cuando seas mayor y tengas que lidiar con enfermedades o limitaciones físicas?

PASO 3:

Evalúa tu vulnerabilidad. ¿Y si tus hijos no salen bien, o si te quedas discapacitada o desfigurada, o pobre, o si nunca te casas, o pierdes tu trabajo o a tu marido, o...? ¿Cómo te sentirías entonces con respecto a ti misma? (Algunas de nosotras destacamos en esto; nos preocupamos mucho). Si la mayor parte de tu sentido de autoestima procede de fuentes que en algún momento de la vida ya no tendrás, eres vulnerable a una crisis de identidad.

En algún momento de tu vida (a menudo hacia la mitad), te mirarás en el espejo y descubrirás que ya no tienes el aspecto atractivo que tenías antes. Sentirás que te has vuelto invisible. Te saldrán bolsas bajo los ojos, las carnes de los brazos te colgarán flácidas, ¡y esos brazos ya no se tensan con el mismo esfuerzo! Marabel Morgan, en *La felicidad total*, habla de este descubrimiento y nos ofrece consuelo.

Toda mujer sabe que algún día tendrá que envejecer y se marchitará la flor de la juventud. Sin embargo, cuando empieza a suceder, la deja conmocionada. Las arrugas aparecen de la noche a la mañana. Ve cómo la ley de la gravedad va tirando de sus axilas, su barbilla y todo lo que hay debajo de la barbilla. ¿Quién hubiera pensado que podría pasarle a ella?

Un día, mientras mis chicas y yo hablábamos de la vida, les dije: «Tu cuerpo es en realidad una cáscara, una "casa" que llevas puesta. El verdadero tú que está dentro de tu cuerpo se irá algún día. Así que, si algo le pasa a tu cuerpo, no afectará a tu verdadero yo. Aunque tuvieras un accidente y te cortaran los brazos o las piernas, el verdadero tú seguiría intacto dentro».

Para mí, eso es muy reconfortante. Saber que Dios diseñó mi casa me quita una gran

> *presión. No voy a luchar contra su diseño. Al-*
> *gún día estaremos libres de estos cuerpos y sus*
> *enfermedades y limitaciones, pero por ahora*
> *estamos atrapadas dentro. Cambiaré lo que*
> *pueda y aceptaré lo que no pueda.*[15]

Aun así, si tu autoestima se ha basado en tu apariencia, aceptar los efectos del tiempo en tu aspecto puede ser una lección dolorosa.

Luego, un día tu hijo menor se irá de casa y se llevará un gran trozo de tu corazón consigo. Comenzará tu «segundo acto» y es posible que te cueste imaginar cómo se supone que debe ser. Con el tiempo, te levantarás una mañana y descubrirás que tus articulaciones están rígidas. Te comenzará a fallar la vista y necesitarás al menos dos pares de lentes. Además, la vida puede no haber resultado como la imaginaste. Puede que te golpee la constatación de que nunca lograste los objetivos que te propusiste en tus inicios. Nunca escribirás ese libro, ni correrás esa maratón ni abrirás ese negocio para el que has estado ahorrando. El tiempo se te acaba y has

---

[15] Marabel Morgan, *La felicidad total* (Barcelona: Plaza & Janés, 1977).

perdido muchas oportunidades en el camino.

O llegará un cambio importante a tu vida —una muerte, una discapacidad, una decepción profesional o una relación rota— que te detendrá en seco y te obligará a reevaluarte. No te equivoques, algunas de estas cosas nos pasan a todas. ¿Cómo te las arreglarás? ¿Puedes prepararte con antelación para los cambios inevitables de la vida?

Por supuesto, necesitamos el estímulo y el elogio de las personas cercanas, y además nos ayudan a avanzar. Y tener relaciones de apoyo contribuye mucho a nuestro sentido de autoestima. No podemos subestimar el valor de tener una comunidad de mujeres que comparta esta travesía contigo, que escuche, llore y ore cada día. Dios nos da claridad y aliento a través de relaciones mutuas si permitimos que otras personas le hablen a nuestra vida y hacemos lo mismo por ellas. Pensamos a menudo en la historia de Ashley, una mujer tranquila que sobrevivió (y finalmente abandonó) un matrimonio abusivo con un marido alcohólico porque su amiga la llamaba cada mañana para orar con ella.

Pero no podemos depender totalmente de los demás para nuestra autoestima. Como la vida trae a menudo cambios drásticos, cada una de nosotras necesita un fundamento sólido e inalterable para sentir que es digna. Vuelve a tu lista de fuentes de identidad. ¿Tienes algo en la lista que nunca cambiará? ¿Por ejemplo, lo que Dios dice sobre tu valor? ¿Sabes lo que Dios ha dicho de ti en la Biblia? Si lo sabes, ¿sientes que es algo tuyo?

Una de las cartas más tristes que recibimos fue la de una mujer de 68 años que preguntaba: «¿Qué tan buena debo ser para que Dios me ame?». Abandonada por su madre al nacer y sin que nadie la adoptara hasta los doce años, esta mujer tenía profundas cicatrices emocionales. Sufría por haber crecido creyendo que la aceptación —de las otras personas y de Dios— se basa en nuestra apariencia, nuestras capacidades y nuestro rendimiento.

A la edad de quince años, asistió a una iglesia y por primera vez escuchó el mensaje de salvación. Respondió y recibió a Jesucristo como su salvador personal, pero su alegría se vio abrumada por sentimientos de indignidad al volver a casa y arrodillarse junto a su cama esa noche. En vez de regocijarse en su nueva fe, lloró y le pidió a Dios que la dejara morir porque sabía que nunca podría «ser lo suficientemente buena para que Dios me ame». Cerró su triste carta con la pregunta: «¿Dios hace cirugía plástica en el corazón para borrar el trauma de la infancia?».

Pablo escribió a los Efesios: «[Dios] nos hizo aceptos en el Amado [Cristo]» (Efesios 1:6 RVR60). Esto significa que tu aceptación por el Padre no tiene nada que ver con tu bondad o maldad; se basa por completo en lo que hizo Jesús. Gracias a que Dios te acepta, puedes aceptarte a ti misma. Gracias a que Dios te reconoce como una persona de valor y dignidad, puedes reconocerte como alguien hecha a su imagen, importante y digna.

La mejor manera de protegerte de una crisis personal es basar tu sentido de dignidad personal ante todo en la única fuente que no cambia: Dios. ¡Dios te ama! Juan 3:16 dice que te ama tanto que dio a su único Hijo por ti. ¿Te ha llegado esta verdad al corazón? ¿Crees que Jesús murió por ti? No es difícil creer que murió por *nosotros, colectivamente, pero* ¿sientes que murió por *ti*, personalmente? ¿Es posible que te amara tanto cuando tenía tantísimas personas con las que tratar? Piensas que eres una persona sin importancia, y a veces parece como si Dios ni siquiera supiera que existes. Pero lo sabe.

Es un hecho difícil de comprender. No puedo entender por qué me ama con un amor tan intenso. En nuestra evaluación de nosotras mismas, no somos dignas de un amor así. Conocemos muy bien nuestras faltas, y no merecemos su amor. Pero lo que sentimos sobre nosotras mismas no tiene nada que ver con el hecho de que, a pesar de todo, Dios nos ama, te ama a ti y siempre te amará. ¡No hay mayor declaración de dignidad que esa!

No importa cómo te veas, no importa lo que hagas o dejes de hacer, nada cambia el hecho de que Dios te ama. El mundo en que vives puede decir que tienes poco valor, pero Dios dice que eres tan valiosa para él que dio a su Hijo para que sufriera y fuera crucificado para que tú, tú en particular, pudieras vivir con él para siempre. Ese es el fundamento sobre el que debes construir tu vida y del que puedes obtener una identidad que nada podrá destruir.

Eres una obra de arte que Dios está creando. ¿Cuánto vale una obra de arte? Bueno, eso depende de lo que alguien esté dispuesto a pagar por ella. Obviamente, un coleccionista de arte pagaría mucho más por la *Mona Lisa* que por algo que garabateaste mientras esperabas al teléfono. ¿Cuánto estuvo Dios dispuesto a pagar por ti? Un precio enorme: la vida de su único Hijo, ¡entregada con una muerte agónica! No hizo eso por ninguna otra parte de su creación. Lo hizo solo por quienes fuimos creados a su imagen. Te guste o no, eres sumamente valiosa para él: una *Mona Lisa*, no un garabato o un dibujo cualquiera. Una exquisita obra de arte y belleza.

A veces, algo en lo que nadie ha reparado, como un pedazo de chatarra sin valor, resulta ser más valioso de lo que habríamos soñado. Richard Rushton-Clem, de Lewisburg, Pensilvania, compró en un mercadillo un viejo frasco de pepinillos por tres dólares. Unos meses después, lo puso a la venta en Ebay, el sitio de subastas de Internet. Para su sorpresa, después de una semana de subasta y más de sesenta pujas, el frasco ámbar de once pulgadas se vendió por 44.100 dólares ¿Algunas mañanas te despiertas sintiendo que vales tan poco como un frasco de pepinillos de tres dólares? ¿Sientes que para lo único que sirves es para dejarte en un estante? ¡Ánimo! ¡Vales mucho más de 44.100 dólares!

Dios estuvo dispuesto a pagar con la vida de su único Hijo para redimirte. No solo eso, sino que se ha comprometido a estar disponible a todas horas para escuchar tus oraciones. Él ha prometido no dejarte ni abandonarte nunca. Está preparando un hogar para que vivas con él para siempre. ¡Tienes un valor incalculable! ¡No lo olvides!

Tu corazón puede decirte algo diferente. También el mundo. Y, sobre todo, Satanás tratará de convencerte de que no vales demasiado. Después de todo, si pasas todo el tiempo desanimada contigo misma, no estarás tan disponible para que Dios te use. A Satanás le encantaría frustrar el plan de Dios para tu vida.

Neil Anderson ayuda a la gente a lidiar con un sentido dañado de su dignidad personal. En su libro *Rompiendo las cadenas*, dice:

> *Una de las actitudes más comunes que he hallado en los cristianos, aun en pastores, líderes cristianos, sus esposas e hijos, es un profundo sentido de desprecio personal. Les he oído decir: «No soy importante; no cumplo los requisitos; no soy bueno». Estoy sorprendido por el*

número de cristianos que tienen paralizado su
testimonio y productividad por pensamientos
y sentimientos de inferioridad e indignidad
[...]. Satanás nada puede hacer para alterar
nuestra posición en Cristo ni nuestro valor
ante Dios. Pero puede engañarnos para que
escuchemos y creamos sus insinuantes mentiras
que nos acusan de ser de poco valor delante de
Dios y para otras personas.[16]

No escuches las mentiras de Satanás. Dios te ama tanto que dio a su Hijo por ti. Así de valiosa eres para él.

A ti te corresponde creer en la valoración que Dios hace de ti. Confía en que él cumpla su propósito en tu vida mientras tú vives tu vida con él de día en día. En cierto modo, es muy sencillo, pero es lo contrario del consejo que te dará nuestra cultura.

¿A quién vas a creer?

---

[16] Neil T. Anderson, *Rompiendo las cadenas* (Miami, FL: Unilit, Harvest House, 2001), p. 149.

ABRAZA LA PALABRA

Sigo adelante esperando alcanzar aquello para lo cual Cristo Jesús me alcanzó a mí.
FILIPENSES 3:12

El apóstol Pablo tuvo muchas cosas malas en su pasado. Antes de su conversión, había sido un asesino, mataba a los cristianos; incluso estuvo presente cuando Esteban, uno de los primeros líderes de la iglesia, fue apedreado hasta la muerte. Después de su conversión, estoy segura de que Satanás trataría de mantener a Pablo obsesionado con su pasado, revolcándose en la vergüenza y el arrepentimiento por todas las cosas horribles que había hecho. Si Satanás hubiera podido mantener a Pablo viviendo en el pasado, este nunca habría sido el gran misionero que difundió la Buena Nueva por todo el mundo.

A veces, sin embargo, puede que nos *guste* vivir en el pasado, cuando éramos más jóvenes y fuertes, cuando las personas que tanto queríamos todavía estaban con nosotros y nos necesitaban, cuando nos sentíamos competentes y con más control sobre nuestra vida. Pero Dios no quiere que vivamos en el pasado más de lo que quería que lo hiciera Pablo. Pablo dijo: «Pero una cosa hago: Olvidando lo que queda atrás y extendiéndome a lo que está adelante, prosigo a la meta, al premio del supremo llamamiento de Dios en Cristo Jesús» (Filipenses 3:13-14 RVR60). Hayas tenido un pasado malo o bueno, Dios quiere que prosigas a la meta.

Dios entiende cuán débiles somos en realidad. En Salmos 103:14, leemos que «Él conoce nuestra condición; sabe que somos de barro». Aunque en Mateo 5:48 nos desafía a ser maduras o completas —«Por tanto, sean perfectos, así como su Padre celestial es perfecto»—, él nos brinda un camino cuando fallamos: la confesión y el perdón. «Si confesamos nuestros pecados, Dios, que es fiel y justo, nos los perdonará y nos limpiará de toda maldad» (1 Juan 1:9).

Nuestro objetivo en la vida no debería ser perseguir lo que el mundo dice que es valioso, sino esforzarnos por ser aquello que Dios dice que es valioso. Deberíamos esforzarnos por no aferrarnos a la razón de ser de otra persona, sino al propósito de Dios para nosotras. No tenemos que ponerle un precio a nuestro valor. Dios ya lo ha hecho. Nuestra tarea es seguir «adelante para alcanzar» el propósito de Dios para nosotras y dejarle el resto a él. Aunque para el mundo en que vivimos parezcamos un fracaso, la Biblia dice que «el que comenzó tan buena obra en ustedes la irá perfeccionando hasta el día de Cristo Jesús» (Filipenses 1:6). Podemos confiar en eso.

VAYAMOS MÁS LEJOS...

1. ¿Por qué Satanás quiere que te infravalores?

2. ¿Has experimentado alguna vez una crisis de identidad? Si es así, ¿cuándo? ¿Qué la provocó?

3. Una crisis de identidad no es solo cosa de adolescentes o personas de mediana edad. Si hemos estado dependiendo de algo que no sea Dios para nuestra autoestima, la crisis puede superarnos cuando nuestras vidas cambien en algún aspecto. ¿Se avecinan cambios importantes en tu vida? Si es así, ¿cuáles son? ¿Crees que harán tambalearse tu sentido de dignidad personal? ¿Estás en riesgo de una crisis de identidad? ¿Por qué o por qué no?

4. Las crisis de identidad nunca son agradables, pero pueden forzarnos a darnos cuenta de que hemos estado buscando nuestro valor fuera de Dios. A partir del dolor podemos emerger con una fe más fuerte y un sentido bíblico verdadero de nuestra dignidad personal. Si no estás sufriendo actualmente esa crisis, ¿conoces a alguien que sí lo esté? Ora por ella para que use este momento de dolor como una oportunidad para profundizar en el conocimiento de Dios y de su propósito para su vida.

Querido Jesús, creo en ti y quiero encontrar mi valor solo en ti. Pero sabes con cuánta facilidad me desvío. Antes de darme cuenta, dependo para mi dignidad de mis talentos o mis habilidades naturales, mis relaciones y mis posesiones. Señor, por favor, recuérdame una y otra vez que el tiempo cambiará todas estas cosas, pero tú nunca cambiarás. Cuando mi identidad está arraigada en ti, no tengo por qué temer al futuro.
Gracias porque me amarás pase lo que pase.
Amén.

CAPÍTULO 4

❧

¿Un error o una obra maestra?

La base de la autoestima de una mujer

«Toda mi vida he luchado con ser demasiado alta», confesó Sarah. Desde el día que empezó la escuela, era más de un palmo más alta que cualquiera de su clase. Al final de la jornada escolar, corría a casa llorando, intentando huir de las burlas de los otros niños. La gente la miraba como si fuera una especie de monstruo. Cuando tenía trece años, sus padres la internaron en el hospital para que se le aplicaran tratamientos hormonales que detuvieran su crecimiento, pero no funcionaron. Para empeorar las cosas, la gente la comparaba a menudo con su hermana menor, que era de estatura media y considerada más bonita que ella. Sarah creció sintiéndose como si ella misma fuera un gran error.

Luchando con la falta de autoestima, comenzó a compensar su problema de estatura de varias maneras. Consiguió buenas calificaciones, llegó a dominar cuatro idiomas, consiguió logros deportivos y con el tiempo obtuvo una licenciatura en derecho y comenzó una exitosa carrera. Pero bajo todos sus logros subyacía el sentimiento de que Dios la había hecho mal cuando la creó. Este sentimiento afectaba todo lo que hacía.

BONNIE:

Diferente, así es como me sentía desde que tuve edad para mirarme en un espejo y luego mirar a todos los demás a mi alrededor. ¡Era... el cabello! Por supuesto, el cabello debía adornar la cabeza como seda suave, cayendo hacia los hombros en perfecto orden. ¿Pero qué era eso que brotaba de mi cabeza, que se retorcía rebelde y formaba un desorden total, difuso y encrespado?

Mi cabecita de tres años pensaba: «¡Son mis ondas cerebrales!». *Está claro que los cabellos son ondas cerebrales que te salen en la cabeza, ¡y mi cerebro es diferente al de todos los demás!* Todos los sábados por la noche, mi pobre madre intentaba sujetarlo con rulos, fijándolo e incluso pegándolo a mis mejillas, pero sin éxito. A la mañana siguiente salía enrollado como quería, volviendo a hacer de las suyas. Trataba de evitar la natación, volvía corriendo a mi cuarto de la universidad para enderezarlo antes de la cena, y evitaba a toda costa las fotos en la playa. Siendo adolescente en los años setenta, con la moda del cabello largo y estirado, me sentía fea.

DARLENE:

Yo nací con una mancha de vino de nacimiento en el lado izquierdo de mi cara. Me acostumbré a que la gente me mirara y los niños preguntaran: «¿Qué tienes en la cara?». Admito que esto es algo muy poco importante de lo que preocuparse. Mucha gente tiene problemas físicos *importantes* que provocan comentarios desagradables. Pero para mí, como niña, eso era importante.

Con el tiempo, mi madre encontró un maquillaje que ayudaba a ocultar la marca. La vida era mejor. Pero el color no era el que mejor me caía y hacía que pareciera como si me hubiera golpeado un lado de la cara con una gran polvera blanca. Entonces me decían: «¿Por qué tienes polvo en la cara?». ¡Sentirse diferente de todos los demás es algo que te debilita!

Solo quería esconderme bajo tierra.

¿Y tú? ¿Has luchado con algunos de estos mismos sentimientos? ¿Hay algún aspecto de tu yo físico que haya afectado con fuerza tu sentido de valor? Quizás tienes problemas, como nuestra alta amiga Sarah, con tu actitud hacia Dios, a quien Sarah no podía ver como un Padre amoroso y perfecto. Para ella, Dios no era perfecto... no cuando había cometido semejantes errores al crearla. Pero esta es la cuestión: La Biblia dice que fuiste creada por Dios. De hecho, dice que fuiste «entretejida» en el vientre de tu madre (Salmos 139:13 NTV). A todos los artistas les gusta elegir el marco que mejor muestre su obra. No es un error que seas alta, tengas el pelo rizado, una marca de nacimiento o algún tipo de personalidad en particular. Si Dios hubiera querido que midieras un metro sesenta y cinco, con una cabeza de pelo liso brillante y una piel impecable, te habría hecho así. No eres un error. Eres exactamente el lienzo perfecto en el que él quiere mostrar su belleza, por dentro y por fuera, y tu cuerpo es el marco para la obra del Artista.

Esto es cierto: puedes ser aquello para lo que Dios te creó. El apóstol Pablo escribió, en Filipenses 3:12 (rvr60): «No que lo haya alcanzado ya, ni que ya sea perfecto; sino que prosigo, por ver si logro asir aquello para lo cual fui también asido por Cristo Jesús». Vamos a desglosar eso:

1. Cristo Jesús me ha tomado con un propósito.
2. Aún no soy todo lo que puedo ser.
3. Mi objetivo es asir el propósito por el cual Jesús me asió.

La parte liberadora de esa verdad es que Dios no espera que seas algo que no tienes la capacidad de ser. El propósito de Dios para ti y sus expectativas en cuanto a ti están en línea con tu don. No tienes que cumplir el propósito de ninguna otra persona, solo aquel para el que Dios te ha diseñado. No tienes que envidiar las capacidades y logros de los demás porque su propósito para ti no es como su plan para ningún otro. Puedes admirar lo que es admirable en la vida de otra persona y pedirle a Dios que lo haga realidad en tu vida. Pero lograr eso depende del Espíritu Santo; no es algo por lo que debamos esforzarnos con nuestras fuerzas. Simplemente haz las cosas para las que él te hizo buena y mira cómo te usará para cumplir su voluntad. Si lo haces, experimentarás la mayor satisfacción que puedes tener en tu vida. Podrás decir: «Estoy haciendo aquello para lo que Dios me diseñó. Estoy echando mano de mi propósito en este mundo». Y sentirás el gozo.

Pero tal vez luchas con la depresión, la ansiedad u otro trauma fisiológico, o tienes alguna discapacidad. O tal vez tu visión de la vida ha quedado distorsionada por unos padres que te decían constantemente que no eras buena, que nunca llegarías a nada en la vida; y sigues creyéndolos. Quizás has hecho algo que crees que te descalifica para tener una vida de valor y propósito, y nunca te has perdonado. Tal vez seas víctima de violación, abuso sexual, incesto o algún otro tipo de circunstancias horribles que no estaban bajo tu control, pero de las que te sientes culpable. Sea lo que sea lo que te haya ocurrido en el pasado, el resultado final es que no tienes una buena opinión de ti misma. Has renunciado a intentar ser todo lo que podrías ser. *¿De qué sirve?*, piensas. Tal vez también te has dado por vencida con Dios, creyendo que, en algún momento de tu vida, o él o tú se equivocaron en el plan maestro.

Puede ser que lo que más odias de ti misma sea en realidad el lienzo que Dios va a usar para la bella obra de arte que planea crear con tu vida. Aceptar un concepto como este significa que debes mirarte a ti misma de una manera completamente nueva, y eso no será fácil, sobre todo si has estado odiando algo de ti misma por años, tal vez incluso durante toda tu vida. Pero trata de cambiar tu perspectiva hasta que puedas mirarte a ti misma desde la perspectiva de Dios. Puede que te sorprenda lo que ves.

Sin embargo, no podemos decir que todas las cosas malas que te han sucedido hayan sido la voluntad de Dios para tu vida. Algunas cosas son producto de las acciones de otros o de las acciones de la naturaleza, así que es injusto culpar a Dios por cada cosa mala en tu vida. Él nos ha dado libre albedrío y un gran margen de actuación, y hay personas que se aprovechan de su libre albedrío para dañar la vida de otros. Por ahora, no podemos dar una razón para el efecto del pecado y el mal en este mundo —ni en tu vida o la mía—, salvo el hecho de que a Satanás se le ha dado un dominio limitado en este mundo por un período de tiempo. Hay un tiempo establecido para el fin del mal. Pero los hombres y las mujeres, comenzando por Adán y Eva, han cedido a sus tentaciones, con el resultado de que, hasta que Cristo regrese y destruya a Satanás, tendremos que lidiar con el poder y los efectos del pecado en este mundo.

El dato liberador es que Dios ha dicho: «Te basta con mi gracia, pues mi poder se perfecciona en la debilidad» (2 Corintios 12:9). Él puede tomar los pedazos rotos de cualquier vida y crear a partir de ellos una obra de arte que le dé gloria a él y bendición a los demás. Puede tomar incluso las heridas que te han provocado las circunstancias y los demás y utilizarlas para su gloria y para hacerte bien. Mientras te pongas en manos de Dios, nada puede impedir que él convierta tu vida en la hermosa creación que siempre quiso que fuera.

No importa lo que seas hoy o lo que fuiste en el pasado, no eres un error. Eres una potencial obra de arte en la que Dios quiere revelar su poder, gloria, amor y creatividad. Dios puede tomar tu sufrimiento y convertirlo en una bendición para ti y para los demás. No le guardes rencor a Dios. Déjalo trabajar contigo tal como eres y convertir tu vida en la obra maestra que él ha planeado.

El primer paso para verte a ti misma como Dios te ve —como una persona valiosa— es mirar el lienzo en que él quiere crear esta obra maestra para que puedas entender quién eres. Cuando entiendas quién eres realmente, tendrás una idea más clara de la perspectiva de Dios sobre tu vida. Eso es lo que haremos en el próximo capítulo.

ABRAZA LA PALABRA

Una espina me fue clavada en el cuerpo, es decir, un mensajero de Satanás, para que me atormentara. Tres veces le rogué al Señor que me la quitara; pero él me dijo: «Te basta con mi gracia, pues mi poder se perfecciona en la debilidad». Por lo tanto, gustosamente haré más bien alarde de mis debilidades, para que permanezca sobre mí el poder de Cristo [...] porque, cuando soy débil, entonces soy fuerte.
2 Corintios 12:7-10

Piénsalo: incluso el apóstol Pablo tenía algo sobre sí mismo que le dolía, algo que deseaba que Dios le quitara. No sabemos qué era, aunque los expertos en la Biblia han dado todo tipo de teorías. Puede haber sido una enfermedad o algún tipo de discapacidad física, incluso un problema de personalidad, pero, fuera lo que fuera, Pablo sentía que lo hacía imperfecto. Y le pidió a Dios que le quitara lo que él llamaba su «espina en el cuerpo».

¿Cuáles son las «espinas» que te atormentan? Casi todo el mundo tiene alguna de un tipo u otro. La tuya quizás no sea un problema con tu aspecto. Tal vez seas disléxica o no hables con fluidez el idioma del lugar donde vives. Tal *vez* no quieras que nadie sepa sobre el caso de adicción o de abuso en tu familia, o sobre tu tío que está en prisión por asesinato. Cada persona tiene una «espina» diferente; pero, sea cual sea, actúa como un mensajero de Satanás. Nos susurra: «No eres lo suficientemente buena. Una persona con *este* problema nunca logrará mucho en nada. Simplemente no estás a la altura».

Desde luego, Satanás puede usar esa espina para

atormentarnos. Pero ¿sabes qué? Dios también puede usarla de una manera completamente diferente. Usará esa espina fea y dolorosa para su gloria y para mostrarte gracia.

Por eso cuando Pablo oró para que se le quitara su «espina en el cuerpo», Dios le dijo «No» tres veces hasta que Pablo finalmente entendió el mensaje. Al final, Pablo entendió que lo que tanto le dolía, lo que Satanás había estado usando para decir sus mentiras, esa misma cosa horrible era la oportunidad que Cristo necesitaba para mostrar su poder y gracia en la vida de Pablo.

Si pudiéramos hacerlo todo a la perfección, acabaríamos volviéndonos muy arrogantes. Si pensáramos que no hay nada en nosotros que pueda mejorarse, no pensaríamos en absoluto que necesitamos a Dios; daríamos por sentado que podemos hacer todo con nuestras propias fuerzas sin su ayuda. Por eso Pablo dice que cuando es débil, es fuerte. Lo que nos recuerda nuestra propia imperfección también puede ser lo que nos hace volvernos hacia Dios. Y, siempre que reconocemos nuestra propia debilidad, se abre una oportunidad para Dios; sí, él anhela derramar su fuerza en nuestras vidas.

El secreto es negarse a escuchar las mentiras de Satanás. En vez de escucharlas, cuando te duela tu «espina» acude a Dios inmediatamente. A pesar de tu debilidad —no por causa de ella—, el poder de Cristo puede ser tu fuerza .

P.D. Sarah calza ahora tacones altos, Bonnie luce sus rizos y Darlene, con la cirugía láser y un poco de corrector, ¡está deslumbrante!

VAYAMOS MÁS LEJOS...

1. ¿Alguna vez has sentido que Dios se equivocó al hacerte como te hizo? ¿Has sentido que cometió un error cuando permitió que ocurriera alguna circunstancia en tu vida? ¿Sigues enojada con Dios por esto?

2. ¿Puedes pensar en las formas en que Dios ya ha convertido o puede convertir ese «error» en una bendición? Considera tu vida, en oración, y escríbelas. Cuando te desanimes contigo misma, lee la lista para recordarte que Dios está obrando en tu vida.

3. ¿Hay algo en tu vida que todavía no puedes ver como una bendición potencial? Escríbelo, y luego ora todos los días para que Dios te muestre una manera de usar este «error» para su gloria y tu bendición. Él *responderá* a tu oración; y, cuando lo haga, asegúrate de anotar cualquier nueva idea que te haya mostrado. (Satanás estará más que dispuesto a hacer que tu «bendición» parezca un «error» de nuevo, así que es bueno tenerlo por escrito).

4. Escribe Salmos 139:14 en una nota y ponla sobre el lavabo de tu baño o en algún otro lugar donde la veas a menudo.

Dios mío, tú sabes qué es lo que menos me gusta de mí. Sabes cuánto tiempo he luchado con sentimientos de inseguridad y dudas por eso. No sé si puedo darte gracias por haberme hecho así, no cuando odio tanto eso. Pero, Padre, sé que tú no cometes errores. Y sé que estabas ahí cuando fui formada en el vientre de mi madre, y has estado ahí todos los días desde entonces. Y sé que me amas. Así que, Dios mío, me pongo en tus manos, todo mi ser, incluso eso de mí que no me gusta. Por favor, úsame para tu gloria. Usa incluso eso que odio. Tal vez algún día pueda ver tu plan. Mientras tanto, confiaré en ti. Adelante, Señor, crea una obra de arte en mi vida.

Amén.

CAPÍTULO 5

❧

¿Quién, dónde, por qué?

Las mujeres y las preguntas básicas de la vida

Es hora de volver a las cuatro grandes preguntas de la vida porque nunca sabrás quién eres, o de quién eres, sin encontrar respuestas a ellas:

> *¿Quién soy?*
> *¿De dónde vengo?*
> *¿Por qué estoy aquí?*
> *¿Adónde voy?*

Las respuestas que aceptes para estas preguntas lo son todo.

Tal vez sientas que has encontrado la respuesta a una o dos. Si las buscas en Google, tendrás un laberinto interminable en el que adentrarte. La filosofía y la teología tienen respuestas, pero necesitamos saber lo que Dios dice sobre estos cuatro asuntos capitales. Si no sabemos quiénes somos, de dónde venimos, por qué estamos aquí y a dónde vamos, ¿cómo podemos conocer y aceptar nuestro verdadero ser o incluso empezar a vivir las vidas que Dios quiere que vivamos?

Veamos qué dice la Biblia sobre estas preguntas, una por una.

¿QUIÉN SOY?

1. Eres una persona completamente única.

Entre las otras 3.700 millones de mujeres del mundo, no hay ninguna exactamente como tú. Nadie más ve con tus ojos, oye con tus oídos, piensa tus pensamientos o siente lo que tú sientes. Eres única. Independientemente de cómo fuiste concebida, ya sea que fueras un «accidente» o el regalo anhelado por las dos personas que te dieron la vida, fuiste creada por la voluntad de Dios. Fue Dios quien se dignó a darte la vida cuando 200.000 espermatozoides compitieron entre sí para fertilizar el óvulo e hicieron lo que eres. Piensa en esto: si otro espermatozoide hubiera ganado la carrera, ¡tú no serías tú! Serías una hermana para ti misma, similar en algunos aspectos a lo que eres ahora, pero también singularmente diferente. No lo dudes, estabas destinada a nacer, y estabas destinada a ser exactamente quien eres. Tu identidad no es el resultado ni de una coincidencia ni de un accidente. Eres quien eres por el amoroso diseño de Dios. Él quiso que fueras exactamente *tú* y nadie más.

2. Fuiste creada a imagen y semejanza de Dios.

¿Cómo respondes a esa declaración? ¿Lo crees con tu cabeza pero no con tu corazón? Todos tus pecados, defectos y fracasos te susurran: «No *te* pareces mucho a Dios». Si escuchas, te sentirás abrumada por el desánimo y el odio hacia ti misma. Tu corazón se sentirá demasiado oscuro para contener el resplandor de la imagen de Dios.

¿Estás dispuesta, a pesar de tus sentimientos de insuficiencia e inferioridad, a aceptar lo que Dios dice de ti? Detente y piensa en el poder del versículo que dice que fuiste creada «a imagen de Dios». Porque has sido creada a su imagen, tienes el poder de pensar, razonar, conversar y vivir para siempre. A diferencia de los animales, por ejemplo, puedes expresarte en formas que solo se producen gracias al toque de lo divino en tu vida. Somos creadoras, hechas para crear, porque somos versiones en miniatura de un Creador.

En la creación, Dios hizo a Adán del polvo de la tierra. Luego tomó una costilla de Adán para hacer a Eva. Observa que Adán no fue el único hecho a imagen y semejanza de Dios. También lo fue Eva. Génesis 1:27 nos dice: «Y Dios creó al ser humano a su imagen [...]. Hombre y mujer los creó». Por consiguiente...

3. Eres una mujer descendiente de Eva, que fue creada de la costilla de Adán por la mano de Dios, y por lo tanto doblemente perfeccionada en la creación.

Se cuenta que, después de hacer a Adán, Dios lo miró y dijo: «¡Puedo hacerlo mejor!» ¡e hizo a una mujer! Pero, en serio, la Biblia dice que, después de formar a Adán del polvo de la tierra, Dios tomó una de las costillas de Adán y, según la interpretación literal del texto hebreo, «le construyó una mujer». ¡La mujer fue el último acto creador de Dios, la corona de la creación!

Este doble refinamiento dio lugar a notables diferencias entre hombres y mujeres. Los investigadores dicen que las nuevas tecnologías han aportado un «creciente cúmulo de pruebas de que existen diferencias inherentes en la forma en que los cerebros de hombres y mujeres están configurados y en cómo funcionan».

Las mujeres sobresalimos en varias actividades de habilidad verbal; en muchas de ellas, excepto en las analogías verbales. La comprensión lectora y la capacidad de escritura de las mujeres superan en el promedio a las de los hombres de manera constante. Superamos a los hombres en las pruebas de coordinación motriz precisa y velocidad de percepción. Somos más hábiles para recuperar información de la memoria a largo plazo.

Los hombres, como promedio, tienen más facilidad para manejar los elementos de la memoria operativa. Ellos tienen habilidades visoespaciales superiores: son mejores para visualizar lo que sucede cuando una forma compleja bidimensional o tridimensional gira en el espacio, para determinar correctamente los ángulos desde la horizontal, para seguir objetos en movimiento y para dirigir proyectiles.

Muchas de estas diferencias cognitivas aparecen a edad muy temprana. Puedes ver diferencias entre los sexos en la capacidad de visualización espacial en bebés de dos y tres meses... las niñas pequeñas responden más fácilmente a los rostros y comienzan a hablar más pronto. Los niños reaccionan a edad más temprana a las discrepancias perceptivas inducidas experimentalmente en su entorno visual. En la edad adulta, las mujeres seguimos estando más orientadas a los rostros, y los hombres, a las cosas.[17]

Pero ser diferente no tiene nada que ver con ser superior o inferior. Las diferencias entre sexos son parte del diseño y propósito de Dios para nuestras vidas, algo que muchas culturas (y muchos hombres)

---

[17] Bruce Goldman y Gerard DuBois, «How Men's and Women's Brains Are Different», *Stanford Medicine* (primavera 2017). https://stanmed.stanford.edu/2017spring/how-mens-and-womens-brains-are-different.html.

nunca han comprendido. Los antiguos rabinos, que daban gracias a Dios por no ser ni gentiles ni mujeres, no lo entendían. En lo que respecta a ser una persona de valor, ningún sexo tiene ventaja. Ni el patriarcado ni el matriarcado muestran una imagen completa de la voluntad de Dios.

4. Eres pecadora.

Esto no es específico del género; se aplica a todos. La Biblia dice con claridad: «Todos nosotros nos hemos extraviado como ovejas; hemos dejado los caminos de Dios para seguir los nuestros. Sin embargo, el SEÑOR puso sobre él los pecados de todos nosotros» (Isaías 53:6 NTV). No por ser mujer soy más santa que un hombre, ni menos pecadora. «Todos pecaron», es la declaración de Pablo en Romanos 3:23. El pecado es fracaso en igualdad de condiciones.

5. Gracias al amor de Dios en Cristo Jesús, si has puesto tu confianza en él, eres una persona nueva, una hija de Dios. Esto significa que:

Eres adoptada en la familia de Dios; eres hija del Rey. Esto no es solo una frase poética. Es un hecho. Toda madre ama a su hijo, pero un bebé que es adoptado recibe el doble de amor porque se debe a una decisión —un acto consciente de la voluntad— de ser madre para ese niño en particular. Esto es lo que Dios dice que ha hecho por nosotros.

«¿Por qué Dios castiga a mi bebé por lo que hice yo?», preguntó una joven madre, con lágrimas hirvientes cayendo por sus mejillas. Su bebé estaba acostado en una cuna, una niñita con una esperanza de vida de apenas dos años porque había nacido con cinco orificios en el corazón.

¿Estaba Dios castigando a esta niña por el pasado sexual de su madre antes de escuchar el mensaje de Jesús y convertirse en creyente? No, no si crees lo que la Biblia dice sobre el perdón. Dios dijo: «Yo, sí, solo yo soy quien borra sus pecados por amor a mí mismo y nunca más los recordaré» (Isaías 43:25 NBV). Cuando Dios perdona, hace borrón y cuenta nueva como si no hubieras pecado. Ciertamente no castiga a tus hijos por los pecados que cometiste tú, pecados que te perdonó en cuanto le pediste perdón.

(Oramos para que Dios sanara los orificios del corazoncito de esa niña para que su madre supiera que cuando Dios perdona olvida nuestros pecados. La última vez que supimos de ella, la pequeña era una joven adulta... de excelente salud).

¿DE DÓNDE VENGO?

Salmos 139:13, 15-16 nos dice que cada persona ha sido formada individualmente: «Tú creaste mis entrañas; me formaste en el vientre de mi madre [...]. Mis huesos no te fueron desconocidos cuando en lo más recóndito era yo formado [...]. Tus ojos vieron mi cuerpo no formado; tus ojos vieron mi cuerpo en gestación: todo estaba ya escrito en tu libro».

¿De qué manera nos dan valor estas verdades, que tal vez no podamos comprender del todo? Juntemos estos hechos y veamos qué implican. Primero, Dios nos creó a su imagen y semejanza. Un creador pone algo de sí mismo en todo lo que hace; parte de Dios está en cada una de nosotras porque somos algo que él hizo.

Como Dios juntó todas las partes de ti exactamente como lo hizo, eso significa que tiene un propósito para ti tal como eres. Quizás desees que te hubiera hecho más como alguna otra persona. Tal vez sientas que, si fueras más como esa otra persona, serías más valiosa. Pero, si Dios hubiera querido hacer a alguien como esa persona, te habría creado de esa manera. Eres la persona que eres porque Dios quería a alguien como tú.

Como dice Rick Warren,[18] posees un MOLDE dado por Dios que no se parece al de ninguna otra persona:

M—anera de ser
O—ptimas habilidades
L—atido del corazón
D—ones espirituales (Lee 1 Corintios 12 y
    Romanos 12)
E—xperiencias

Puede que nunca llegues a entender por qué eres como eres, pero Dios te creó para ser sus manos y pies en el aquí y ahora. Te *creó con un propósito... y* eso te convierte en una persona de valor.

Pero no eres un simple copo de nieve de la creación de Dios, especial simplemente por ser única. No, eres mucho más valiosa que eso porque Dios te ama.

---

[18] Rick Warren, *Una iglesia con propósito* (Miami, FL: Vida, 1998).

De hecho, te ama tanto que, a un gran costo personal, hizo lo necesario para que pudieras tener una relación con él: envió a su único Hijo, Jesucristo, al mundo para morir en una cruz para pagar el precio que tú merecías por tus pecados: la muerte.

¿Vales el precio que Dios pagó por ti? Puede que tú no lo creas, pero él sí. El deseo de Dios de tener una relación contigo es tan grande que hizo lo impensable: puso a su santo y amado Hijo en la agonía de la crucifixión. Si alguna vez dudas si eres valiosa, vuelve a leer Juan 3:16 y recuerda el precio que pagó por ti: «Porque tanto amó Dios al mundo que dio a su Hijo unigénito, para que todo el que cree en él no se pierda, sino que tenga vida eterna».

¿POR QUÉ ESTOY AQUÍ?

Cuando miras a Dios y lo que dice en la Biblia sobre tu razón de ser, eso retira el foco de atención de ti y lo pone en Jesús. Las Escrituras son claras al respecto. «Y él murió por todos, para que los que viven ya no vivan para sí, sino para el que murió por ellos» (2 Corintios 5:15). Mi labor consiste en saber qué quiere Dios que haga por él. Una de esas tareas es darle gloria a Dios: «Tú [Dios] creaste todas las cosas, por tu voluntad existen y fueron creadas» (Apocalipsis 4:11). Sabemos que fuimos creados con el propósito dar gloria a Dios, porque él dice de los que son llamados por su nombre: «los he creado para mi gloria» (Isaías 43:7 NTV). Le damos la gloria cuando lo representamos bien aquí y ahora.

Estás aquí para reflejar la belleza de Dios, y cuando decimos belleza, no estamos hablando solo de tu forma física. Eva fue la última obra maestra de la creación de Dios. Ella fue lo último que Dios creó y, en la mujer, Dios eligió revelar la belleza. Sí, Dios es verdad. Sí, Dios es bondad. Pero la belleza es esencial en su naturaleza. En el último libro de la Biblia, Dios mismo se describe en términos de radiante belleza.

> *El que estaba sentado en el trono brillaba como piedras preciosas: como el jaspe y la cornalina. El brillo de una esmeralda rodeaba el trono como un arco iris [...]. Delante del trono también había un mar de vidrio brillante, reluciente como el cristal (Apocalipsis 4:3, 6 NTV).*

La belleza también nos habla de descanso y paz. ¿Has estado en un lugar hermoso, tal vez en un jardín o en una playa vacía? En un lugar así, «Hay espacio para tu alma. Tu alma se expande. Puedes respirar otra vez. Puedes descansar».[19]

La belleza nutre, conforta e inspira. Y es trascendental. Es «nuestra experiencia más inmediata de lo eterno».[20] ¿Cuándo fue la última vez que hiciste un alto en tu actividad para asimilar algo por lo maravilloso que era? ¿El sabor de un albaricoque recién salido del árbol? ¿Una lectura que atrapó tus pensamientos mejor de lo que creías posible? ¿Un olor o color completamente nuevo? ¿Qué momento te ha hecho sentir fuera de ti? ¿Qué experiencia te ha hecho desear que durara para siempre? A veces la belleza es tan profunda que nos atraviesa con el anhelo de algo. ¿De qué? De la vida tal y como estaba destinada a ser. «La belleza dice: Existe una gloria que te está llamando. Y si existe una gloria, entonces hay una fuente de gloria».[21]

---

[19] John Eldredge y Stasi Eldredge, *Cautivante: revelando el misterio del alma de una mujer* (Nashville, TN: Caribe, 2005), p. 44.

[20] Ibíd., p. 46.

[21] Ibíd.

¿Tienes luchas por conocer la voluntad de Dios para tu vida? Cualquiera que sea tu carrera, tu papel como madre, esposa o amiga, ¡tú traes la belleza al mundo!

También la psicología confirma que tienes un corazón hecho para las relaciones, que es reflejo de la naturaleza de Dios. Somos más sociales y relacionales en nuestra forma de pensar. Por naturaleza, pensamos e internalizamos los sentimientos de los demás y reaccionamos a ellos.[22] «El gran deseo y la capacidad que tiene una mujer por las relaciones de intimidad nos habla del gran deseo y la capacidad de Dios por la intimidad. De hecho, quizás esto sea lo más importante que jamás descubramos sobre Dios: que Él anhela tener una relación con nosotros».[23]

Pero Sión dijo: «El Señor me ha abandonado, el Señor se ha olvidado de mí». «¿Puede una madre olvidar a su niño de pecho, y dejar de amar al hijo que ha dado a luz?

[22] Gregg Henriques, «The Relational Styles of Men and Women», *Psychology Today*, 11 septiembre 2013, https://www.psychologytoday.com/us/blog/theory-knowledge/201309/the-relational-styles-men-and-women.

[23] Eldredge, p. 34.

Aun cuando ella lo olvidara, ¡yo no te olvida-
ré!» (Isaías 49:14-15, 18).

Les daré un corazón que me conozca, porque
yo soy el Señor. Ellos serán mi pueblo, y yo
seré su Dios, porque volverán a mí de todo
corazón (Jeremías 24:7).

«¡Jerusalén, Jerusalén [...]. Cuántas veces
quise reunir a tus hijos, como reúne la gallina
a sus pollitos debajo de sus alas, pero no quisis-
te!» (Mateo 23:37).

Como mujeres, reflejamos la naturaleza relacional de Dios, ya que normalmente somos las que cultivamos las relaciones en nuestras familias, lugares de trabajo y comunidades. Eric llama a su esposa Elizabeth «la reina de las conexiones», ya que ella siempre está pensando en quién debe ser presentado a quién, quién debe saber acerca de esa vacante, y con quién necesita reunirse porque ya ha pasado algún tiempo.

Partiendo de nuestros talentos y habilidades

personales, debemos decidir qué hacer con nuestras vidas. Cualquiera que sea nuestra elección, la cuestión es que nuestras pasiones, habilidades y dones son claves para servir a Dios con nuestras vidas, para «ponerlo a él y a su reino primero». Un barista puede hacer eso tan bien como el presidente de una junta directiva.

En *Hugs for Women*, Mary Hollingsworth habla de nuestro papel único en el reino de Dios.

> *Dios te necesita a ti también. Cualesquiera que sean los dones y habilidades que te haya dado, necesita que trabajes en su mundo y en su reino. Nadie más puede hacer como tú aquello para lo que él te diseñó.*
>
> *Nadie más puede desempeñar tu papel. Nadie más conoce las palabras que tú tienes que decir. Has sido creada de manera única para encajar en el espacio reservado con tu forma que Dios puso en su mundo.*[24]

Sí, eres la única persona nacida en este preciso momento de la eternidad, en tu conjunto particular de

---

[24] Mary Hollingsworth, *Hugs for Women* (West Monroe, LA: Howard, 1998).

circunstancias. Aquí tienes algunas cosas para reflexionar mientras tratas de identificar el propósito para el que Dios te creó:

1. ¿Qué es lo que me apasiona? ¡Me entusiasmo cuando hablo de ello!
2. ¿Qué es lo que me resulta fácil, tan fácil que en seguida lo descarto como especial?
3. ¿Qué actividad haría aunque nunca me pagaran por ella?
4. Cuando oras por tu propósito, ¿sientes que Dios te mueve para ir en cierta dirección?
5. Si lo que tienes que hacer en esta época de tu vida no te «entusiasma» o te resulta realmente difícil, ¿puedes ver cómo estás construyendo algo (o invirtiendo en alguien) que es valioso más allá del aquí y ahora?

Nos encanta la historia verídica de aquella mujer que amaba a Dios y quería ser misionera. Anhelaba compartir el mensaje de Jesús en lugares donde era totalmente desconocido. Se preparó para ir, pero, en medio de su formación, su hermana murió de repente, dejando tres niños huérfanos. Decepcionada, dejó a un lado sus sueños y planes, se hizo cargo de los niños y los crio. Nunca logró su sueño de ser misionera. Pero ¿desperdició su vida? ¡No! Para su sorpresa y deleite, los tres niños crecieron y fueron misioneros. ¡Su vida se multiplicó porque fue fiel a la obra que Dios le dio para hacer, el propósito para el que la creó!

Sí, prepárate para lo que crees que Dios quiere que hagas en el futuro. Pero vive plenamente hoy donde estás. Hoy es el día que Dios te ha dado, y es el único día que tienes.

¿A DÓNDE VOY?

Si no vives en una relación personal con Dios, esta última pregunta es la más aterradora porque no estás segura de si después de morir pasarás la eternidad en el cielo o eternamente separada de Dios. Pero es la más maravillosa para alguien que es seguidora de Cristo. Cuando la vida termine, si tienes una relación personal con Jesús, estarás con Dios. Piensa en la maravilla de estas frases: «Vendré para llevármelos conmigo. Así ustedes estarán donde yo esté» (Juan 14:3); «estaremos con el Señor para siempre» (1 Tesalonicenses 4:17); «en el hogar celestial con el Señor» (2 Corintios 5:8 NTV).

Puesto que Cristo se dio a sí mismo por nosotros, lo menos que podemos hacer por él es ofrecer nuestras vidas en gratitud y entrega. El problema viene cuando decimos: «¿Cómo podría Dios usar mi vida? Sí, claro, usa a misioneros y celebridades. ¿Pero a mí? No soy más que una persona normal y corriente. No puedo hacer mucho por Dios».

Observa que Dios no nos pide que le llevemos solo nuestros talentos y habilidades y todas las cosas «buenas» de nuestra vida. Él nos pide que traigamos toda nuestra vida —cada parte de nosotras— y nos ofrezcamos como sacrificio vivo para que él lo use como decida (Romanos 12:1-2). Algunos días podemos sentirnos orgullosas de lo que tenemos para ofrecerle a Dios; pero otros días, tal vez la mayoría, nos sentiremos muy avergonzadas de lo que tenemos para darle. Él nos ama grandemente cada día; nuestras acciones no cambian eso. Solo quiere que le ofrezcamos nuestro ser, nuestra voluntad y nuestros planes a él.

¿Tienes un temperamento desagradable? Entrégaselo a Dios. ¿No puedes resistirte a comentar los asuntos de los demás? Entrégale el control de tu lengua a Dios. ¿Estás maltratando tu cuerpo con la comida? Ofrécele tu cuerpo a Dios como un sacrificio vivo. Repitamos: Dios no quiere solo las «cosas buenas». Lo quiere todo. Y, cuando se lo demos, lo usará todo, fortalezas y debilidades, para su reino. Nuestra parte es confiar en que él está haciendo justamente eso, ya sea que veamos los resultados o no.

¿Cómo podemos saber cómo hemos afectado a otros en nuestra vida? Un acto de bondad puede cambiar la vida de otra persona. Tus hijos pueden parecerte comunes y corrientes, pero tienen potencial como líderes servidores, esperemos que por medio de tu ejemplo. La gente puede estar observando tu relación con tu cónyuge, aprendiendo a resolver los conflictos con gracia y humildad, o puede estar percibiendo cualidades que podrían ser importantes a la hora de elegir pareja. Tal vez tus hijos ya están crecidos, y tu aconsejamiento podría traer esperanza a un adolescente que lucha con la desesperación o la soledad.

Si has entregado tu vida a Jesús, algún día estarás con él para siempre. Solo entonces, en el cielo, conoceremos las formas invisibles en que Dios nos ha usado para obrar en las vidas de aquellos que nos rodean para cumplir sus propósitos. Confía en que él use tu vida, toda ella, como una herramienta de valor en su diseño eterno.

ABRAZA LA PALABRA

Pero, cuando se cumplió el plazo, Dios envió a su Hijo
[...] para rescatar a los que estaban bajo la ley, a fin
de que fuéramos adoptados como hijos. Ustedes ya son
hijos. Dios ha enviado a nuestros corazones el Espíritu
de su Hijo, que clama: «¡Abba! ¡Padre!». Así que ya
no eres esclavo, sino hijo; y, como eres hijo, Dios te ha
hecho también heredero.
Gálatas 4:4-7

La versión *Dios Habla Hoy* traduce Gálatas 4:7 así: «Así pues, tú ya no eres esclavo, sino hijo de Dios; y por ser hijo suyo, es voluntad de Dios que seas también su heredero». La palabra que el apóstol Pablo usó para describir esta adopción en la familia de

Dios era un término legal. Según el derecho romano, una persona adoptada no podía ser procesada por delitos anteriores. Recibía un nombre nuevo y se convertía literalmente en una nueva persona. Entonces, ¿qué significa que seas hija adoptiva de Dios? Bueno, para empezar, significa que estás completamente perdonada. Tienes una nueva identidad como hija de Dios. Todos tus viejos pecados pertenecen a tu antiguo yo, y esa persona ya no existe. Eres una persona nueva en Cristo Jesús.

Fíjate en lo que dice el versículo 6: «Dios ha enviado a nuestros corazones el Espíritu de su Hijo». Si entiendes ese hecho, tu identidad cambiará radicalmente para siempre. Cuando le entregues tu vida a Jesús, él mismo vivirá dentro de ti. Será parte de tu corazón. Y su voz dentro de ti clamará a Dios.

La palabra *Abba* era el término arameo para *papá*, una palabra familiar y cariñosa para un padre amable y entregado. Dios es el padre perfecto, incluso en todos los aspectos en que nuestros padres terrenales fallan. Cuando Jesús vive dentro de ti, tienes el derecho de llamar a Dios «papá», porque ahora eres su hija amada.

1. Escribe junto al acróstico de MOLDE algunas frases que te describen y te hacen ser quien eres:

   M—anera de ser

   O—ptimas habilidades

   L—atido del corazón

   D—ones espirituales (Lee 1 Corintios 12 y Romanos 12)

   E—xperiencias

2. Ahora, ¿puedes orar y entregar cada una de estas cosas a Dios? ¿Hay algo que te resulte difícil de dejar? ¿Por qué?

3. Si tuvieras que resumir tu respuesta en una frase, ¿por qué crees que Dios te puso en este mundo? Para ayudarte, lee estas promesas como guía:

   Proverbios 3:5, 6   Filipenses 1:6

   Juan 8:12   Salmos 57:2

   Isaías 48:17   Salmos 138:8

4. ¿Sabes con certeza adónde vas a ir cuando mueras? Si no, salta al capítulo 9 ahora mismo y resuelve ese asunto con Dios. Después escribe una o dos frases sobre tu seguridad de vida eterna.

Cuando te veas desanimada, cuando sientas que no puedes «estar a la altura», dite a ti misma: *Jesús vive en mi corazón y soy hija de Dios.*

Jesús, gracias por tener la respuesta a todas las preguntas más importantes de mi vida. Sabes quién soy, sabes de dónde vengo, sabes por qué me pusiste aquí, y sabes a dónde voy. Por favor, obra a través de mí para llevar a cabo tu plan. Te doy todo de mí.
Gracias a ti, Señor, sé que soy una persona completamente nueva. Gracias por vivir en mi corazón. Gracias porque puedo llamar a Dios «Papá».
Amén.

CAPÍTULO 6

La manera de Jesús para amarse a una misma

Dignidad, amor propio, cuidado personal

Visita un mercadillo agrícola.
Compra una vela nueva.
Acuéstate una hora antes y escribe tres cosas
que te gusten de ti misma.
Prueba una mascarilla y pasa todo el día sin
redes sociales.
Échate una pequeña siesta.

Todas estamos muy estresadas estos días, seamos de la generación que seamos. Cuidar de nosotras mismas en nuestro mundo de incesante ansiedad global nos hace buscar formas de calmarnos. Si eres joven, puedes sentir la ansiedad aún más intensa en tus luchas por comenzar tu vida con innumerables incertidumbres sobre tu cabeza.

Hay *muchas* maneras de ayudarte a relajarte y nutrirte, comer sano, practicar un buen cuidado de la piel y mantenerte en forma. A nivel internacional, el cuidado personal supuso en 2017 un negocio de 4.200 millones de dólares.[25] Pero, además de cuidar de ti misma, por todas partes encuentras el mensaje: ¡debes amarte a ti misma! Busca en Google *amarse a uno mismo* y en menos de un segundo tendrás millones de resultados donde navegar. Si te mueves por Instagram, leerás cosas como:

> *Si quieres crear un cambio, ¡el amor a ti misma es el lugar perfecto para empezar! Todo cambia cuando empiezas a amarte a ti misma. Ya no emites energía de desesperación ni necesitas ser llenada desde fuera. Te conviertes en una poderosa fuente dentro de ti misma que atrae lo mejor. Cuanto más amas lo que eres, menos buscas la validación y la aprobación.*[26]

---

[25] Elaine Low, «These Self-Care Trends Offer the Ultimate Superfood: Cold, Hard Cash». *Investors*, 27 noviembre 2017, https://www.investors.com/news/self-care-wellness-trends-beauty-fitness-cannabis-market/.

[26] healthyisthenewskinny. «Si quieres crear un cambio, ¡el amor a ti misma es el lugar perfecto para empezar!». Instagram, 24 junio 2019, https://www.instagram.com/p/BzGTuJjpRhe/.

Sin embargo, no muchas de nosotras amamos lo que *realmente* somos. A decir verdad, la mayoría de nosotras somos muy conscientes de nuestros defectos. Anhelamos ser la mejor versión de nosotras mismas, saber que estamos cumpliendo el propósito para el que fuimos creadas. Nos preocupamos por los demás y queremos tener relaciones sanas con ellos. Si eres seguidora de Jesús, te pueden venir a la mente versículos como «Traten a los demás tal y como quieren que ellos los traten a ustedes» (Lucas 6:31); «Con humildad consideren a los demás como superiores a ustedes mismos» (Filipenses 2:3); y las propias palabras de Jesús: «El que quiera ser el primero deberá ser esclavo de todos» (Marcos 10:44). La vida cristiana es la forma de entregar nuestra vida como lo hizo Jesús. Entonces, ¿cómo vivimos el propósito para el que Jesús nos creó y cómo tenemos actitudes saludables hacia nosotras mismas?

Primero, conocer tu valor no es lo mismo que amarte a ti misma. El amor a uno mismo mira hacia adentro, lejos de los demás. Una mujer con un verdadero sentido de autoestima, sin embargo, mira hacia los demás. Cuando Jesús dijo: «Ama a tu prójimo como a ti mismo» (Marcos 12:31), sabía lo mucho que nos preocupamos por nosotros mismos, y nos dijo que debemos sentir tanto amor por los que nos rodean como por nosotros mismos. Una mujer que ha encontrado una perspectiva bíblica de la autoestima es lo suficientemente segura como para servir a los demás, para cuidarlos tanto como se cuida a sí misma. No es egoísta, está centrada en su propio ser y en su propia vida.

¿Significa eso que debemos aborrecernos a nosotras mismas? ¿No dijo Jesús: «Si alguno viene a mí, y no aborrece [...] aun también su propia vida, no puede ser mi discípulo» (Lucas 14:26 RVR60)? Bueno, necesitamos entender el contexto de las palabras de Jesús para comprender lo que estaba diciendo en realidad. Cuando Jesús hizo esa declaración, estaba usando una forma de comparación que era muy común en su época. Lo que está diciendo es que el amor que tenemos por Dios es tan grande que cualquier otro amor, en comparación, parece aborrecimiento. ¿Pero cómo podría estar bien aborrecerme a mí misma si Dios me consideró tan valiosa como para dar a su Hijo para que yo pudiera pasar la eternidad con él? Si Dios me ama tanto, si soy tan valiosa para él, ¿cómo puedo aborrecerme a mí misma?

John R. W. Stott respondió a la pregunta: «¿Se supone que debo amarme o aborrecerme a mí mismo?». Dice: «No se puede dar una respuesta satisfactoria *sin hacer referencia a la cruz*» (cursivas añadidas). Añade: «La cruz de Cristo da la respuesta, ya que nos llama tanto a la abnegación como a la autoafirmación» (la cual, como él señala, no es lo mismo que el amor a uno mismo). Dice Stott: «Solo cuando miramos a la cruz vemos el verdadero valor de los seres humanos».[27]

Si has de recordar una sola frase de este libro, esperamos que sea esta última. Es la cruz la que revela nuestro verdadero valor... tu verdadero valor. En este libro encontrarás muchas menciones a la cruz de Jesús y a su sacrificio por nosotros porque la cruz convierte todo lo negativo de nuestras vidas en algo positivo. La cruz nos muestra lo malos que

[27] John R. W. Stott, «Am I Supposed to Love Myself or Hate Myself?», *Christianity Today* 20 (abril 1984): p. 26.

son nuestros pecados y los quita de en medio. La cruz, de una manera asombrosa y alucinante, muestra nuestra verdadera valía tal y como la ve Dios. Solo cuando entendemos el precio que Dios estuvo dispuesto a pagar para perdonarnos podemos sentirnos bien con nosotras mismas y experimentar una autoaceptación sana y bíblica.

Sí, Jesús dijo en Mateo 16:25 (RVR60): «Si alguno quiere venir en pos de mí, niéguese a sí mismo, y tome su cruz, y sígame». En este versículo hay tres condiciones para ser una verdadera discípula de Cristo: (1) renunciar a todo derecho personal; (2) tomar la cruz; y (3) seguir a nuestro Señor.

La escritora Elisabeth Elliott plantea una pregunta desconcertante sobre este versículo: «¿Podemos arreglárnoslas para construir una imagen más fuerte de uno mismo mientras cumplimos esas tres condiciones de discipulado?».[28]

Si esa última frase la hubiera escrito otra, quizás habríamos pasado por alto las palabras. Pero esto lo escribió una mujer cuyo marido, junto con otros cuatro hombres, fue asesinado en Ecuador a manos

---

[28] Elisabeth Elliot, *Keep a Quiet Heart* (Ann Arbor, MI: Servant, 1995), p. 195.

de una tribu mientras intentaba llevarles el Evangelio. Además, Elisabeth se quedó con una hija joven que criar. No solo no estaba amargada, sino que siguió trabajando para llegar a estas personas con el mensaje de Jesús y finalmente vio a muchos de ellos convertirse en cristianos. A partir de la semilla que había muerto, brotó la vida, creció y produjo un fruto real y vivo. Si alguna vez tienes la oportunidad de verla, es difícil olvidar la fotografía de su hijita, Valerie, volando en un avión misionero en el regazo de uno de los hombres, ahora creyente, que asesinó a su padre. ¡Elisabeth Elliot sabía lo que significa obedecer el llamado de Jesús al discipulado!

Así pues, seamos claras: la abnegación, el tipo de abnegación que Cristo vivió, significa que debemos negar todo lo que es egoísta en nuestras vidas. No significa que nos quedemos sin comida, descanso, ejercicio o tiempo propio. ¡Se espera que nos cuidemos! Eso no es egoísmo; de hecho, es una forma de amar a los demás. ¿Has oído la historia de las botas del zapatero?

Había una vez un zapatero que estaba muy

ocupado. Vivía en un pueblo grande y era el único zapatero de la ciudad, así que era responsable de reparar las botas de todos. Sin embargo, no tenía tiempo para reparar sus propias botas. Al principio no fue un problema, pero con el tiempo sus botas comenzaron a deteriorarse y a deshacerse. Mientras trabajaba sin descanso en las botas de todos los demás, sus pies se ampollaron y comenzó a cojear. Sus clientes empezaron a preocuparse por él, pero él les aseguró que todo estaba bien. Sin embargo, después de unos años, los pies del zapatero estaban tan dañados que ya no podía trabajar y ya no había quien reparase las botas de nadie. Como consecuencia, pronto todo el pueblo empezó a cojear de dolor, y todo porque el zapatero nunca se tomó el tiempo de reparar sus propias botas.[29]

La mujer que se niega a sí misma las cosas de la vida que realmente necesita para funcionar con fuerza y

---

[29] Darren Poke, «The Cobbler's Boots—A Story About Self-Care», *Better Life Coaching Blog*, 29 septiembre 2011, https://betterlifecoachingblog.com/2011/08/19/the-cobblers-boots-a-story-about-self-care/.

salud, está en realidad privándose egoístamente de estar en las mejores condiciones para Dios, su familia y los que la rodean. Está siendo autodestructiva, no espiritual.

El buen cuidado de una misma es una cuestión personal de cada una. «Cuidarse a una misma» es como aprender a escuchar señales muy sutiles. Aprender a sentir que no me siento bien física o emocionalmente, y no ignorarlo —dice Hannah—. Es darme permiso para estar a solas o acostarme un poco para recuperarme. Me permito un buen "tiempo de inactividad" en mi teléfono o simplemente me siento y no me considero culpable por descansar o hacer cosas que disfruto y que no tienen otro propósito práctico que relajarme o inspirarme». Para Amber, «cuidar de mí misma me parece que es estar en forma, cuidar mi cuerpo por dentro y por fuera comiendo bien, haciendo ejercicio, orando, meditando, haciéndome una limpieza facial o un masaje de vez en cuando». Y el cuidado personal será diferente durante las diferentes etapas de la vida de una mujer; una jubilada dice: «¡Me echo una siesta porque ahora puedo!».

La *abnegación* tiene que ver sobre todo con la voluntad. Es la disposición de decir sí a cualquier cosa que Jesús quiera hacer en nuestra vida y hacer lo mejor posible lo que nos pide, incluso si teníamos otros planes. Tenemos que someter nuestras vidas a la dirección de Dios, para estar dispuestas a reconocer que él tiene el derecho de dirigir el curso de nuestras vidas. Eso no es fácil. Pablo dice que debemos ofrecernos como «sacrificio(s) vivo(s)» a Dios (Romanos 12:1). Pero, como alguien más dijo, ¡el problema de los sacrificios vivos es que siguen arrastrándose hacia fuera del altar!

Lo que hace falta es dejar de poner los ojos en nosotras y ponerlos en Jesús. Si siempre miramos hacia nosotras, ya sea para defendernos o para ver si realmente nos negamos a nosotras mismas, no llegamos a ninguna parte.

Recuerda que Jesús nos dio tres pasos a seguir, no solo uno: niégate a ti misma, toma tu cruz y sígueme. Cuando Jesús llamó a sus doce discípulos, les dijo que lo siguieran. No organizó una reunión de comité y redactó un contrato para que lo firmaran en el que se detallaba la descripción del trabajo y el paquete de beneficios. Simplemente dijo: «Sígueme». Lo que esto implica es mantener mis ojos en él, caminar adonde él lleve y obedecerlo momento a momento.

Es verdad, no tenemos ni idea de a dónde nos llevará eso. Sin embargo, no es importante para nosotras saber el destino o incluso el camino que vamos a tomar para llegar allí; aquel a quien seguimos conoce el camino. Nuestra responsabilidad es simplemente seguir. Esa es la fe que hace falta para seguir a Jesús.

El foco de nuestras vidas, entonces, está en Dios y en los demás más que en nosotras mismas. Recuerda que en los dos mandamientos principales Jesús dijo que debemos amar a Dios con todo nuestro corazón, alma y fuerzas, y debemos amar a nuestro prójimo como a nosotras mismas.Esa es una relación vertical y una horizontal. ¡Qué contraste con nuestra cultura *egocéntrica*!

Si obedecemos y seguimos a Dios, ¿nos costará? Sí. Llevar una cruz siempre cuesta. Como dijo Dietrich Bonhoeffer: «Cuando Cristo llama a un hombre, le pide que vaya y muera». Pero ¿has visto por experiencia que Dios es un buen Padre y que puedes confiarle todo lo que es precioso para ti? ¿Has descubierto que la mayor satisfacción en la vida viene cuando vivimos rendidas y al servicio de Jesús?

Verás, la abnegación que Cristo pide es una abnegación con un propósito, una abnegación que viene del amor: amor a Dios y amor a los demás. En lugar de centrarnos en nosotras mismas, somos libres de llegar a los demás. Aquí es donde entra en juego Filipenses 2:3-4 (NTV): «No sean egoístas; no traten de impresionar a nadie. Sean humildes, es decir, considerando a los demás como mejores que ustedes. No se ocupen solo de sus propios intereses, sino también procuren interesarse en los demás». Cuando ponemos el foco en Dios y en los demás, nos centramos en las relaciones. Somos libres de amar, disfrutar y nutrir a los que nos rodean. ¡Somos libres de satisfacer sus necesidades porque estamos seguras de lo que somos!

Desde el libro de Romanos hasta las cartas de Juan, el Nuevo Testamento está lleno de la frase «unos a otros». Se nos dice que unos a otros nos amemos, nos honremos, nos sirvamos, que llevemos las cargas los unos de los otros, que tengamos paciencia, que nos sometamos, que nos perdonemos, que nos animemos, que nos incitemos al amor y a las buenas acciones, y que seamos hospitalarios, todo ello los unos a los otros. La mujer que comprende su valor a los ojos de Dios se libera de la necesidad de empujarse constantemente hacia adelante, y puede sentirse libre para llegar a los demás. Con la obra del Espíritu Santo en su vida, tiene el poder, el tiempo y la fuerza para amar a los demás. Esta es la vida de la verdadera realización. En esto consiste la abnegación bíblica: desinterés en lugar de egoísmo, porque estamos seguros de quiénes somos y de a quién pertenecemos.

Beth Albert fue enfermera primero en Filipinas y luego en China, cuidando a personas con lepra en los años cincuenta. Antes de convertirse en cristiana, alguien la desafió preguntándole: «Beth, pareces estar al cien por cien para todo lo que haces; ¿no te gustaría estar al cien por cien para Dios?». Aceptó el desafío.

Seis meses después supo de una clínica de lepra que necesitaba enfermeras. Completó su formación de enfermera y dos años de escuela bíblica. Después de estudiar el cuidado y tratamiento de la lepra, se fue a Kunming, China. Allí, el gobernador había ordenado que, para eliminar la lepra, los militares podían disparar a cualquiera que pareciera tener la enfermedad. Como resultado, más de 120 personas se habían mudado a unos trece kilómetros fuera de la ciudad a un cementerio, donde se les permitió vivir. Se sentaban junto a la carretera y mendigaban para sobrevivir. Día tras día, Beth caminaba los trece kilómetros para atender a estos parias de la sociedad. Reunió latas oxidadas y enseñó a los enfermos, algunos de los cuales no tenían dedos, a llenar las latas con barro y a cocerlas al sol para hacer ladrillos. A partir de estos ladrillos, construyeron casas rudimentarias para vivir. Incluso después del cierre del consulado de Estados Unidos cuando los comunistas se estaban apoderando de China, Beth se quedó el mayor tiempo posible para dar su tratamiento y amor.

Al escribir sobre su trabajo, Bob Pierce, el fundador de World Vision, dijo:

Esta fue la primera vez que estos leprosos tenían a alguien que hizo algo por ellos. Eran

*el grupo más radiante, y todos se hicieron
cristianos. Le preguntaron a Beth: «¿Por qué
estás haciendo esto? Nadie ha hecho nunca
nada así». Contestó: «Porque yo amo a Jesús
y él te ama a ti. Te ama tanto que me envió
a ayudarte. Eres precioso para Dios y Dios
sabe que eres hermoso. Él sabe que eres valioso,
envió a su Hijo a la tierra a morir por ti para
que te salvaras y estuvieras en el cielo con él y
estuvieras en un lugar maravilloso y tuvieras
un cuerpo maravilloso. Me envió para mostrarte que te ama».[30]*

Bob continuó diciendo: «Beth fue, según todos los
estándares, la cristiana más intrépida, ingeniosa y
sensata que he conocido, y al mismo tiempo, la más
alegre y feliz».[31]

Dios no quiere que *te abandones* por pensar que
no vales nada. No quiere que te sacrifiques en una
relación abusiva o destructiva. Pero sí quiere que te
entregues por amor. Esta clase de abnegación está

[30] Franklin Graham con Jeanette W. Lockerbie, Bob Pierce, *This One Thing I Do* (Samaritan's Purse, 1983), pp. 70-71.

[31] Ibíd.

enraizada en la autoestima verdadera, como la de Cristo. Gracias a que conocemos nuestro valor a los ojos de Dios, nos liberamos de la trampa del egoísmo. Somos libres para amar de verdad.

ABRAZA LA PALABRA

Y él [Jesús] murió por todos, para que los que viven ya no vivan para sí, sino para el que murió por ellos y fue resucitado.
2 Corintios 5:15

La mayoría de las personas viven para sí mismas. Se imaginan que, si no se cuidan ellas, nadie más lo hará. Jesús sabía que esta actitud era destructiva. No solo es destructivo para los que nos rodean, sino también para nosotras mismas. Es la misma vieja paradoja de la que habló Jesús en Mateo 10:39: «El que se aferre a su propia vida, la perderá, y el que renuncie a su propia vida por mi causa, la encontrará». Lo que tanto nos esforzamos por proteger, nuestra propia vida, será lo que acabemos perdiendo.

Pero Jesús murió para que pudiéramos recuperar nuestra vida. Nos muestra el camino a la vida real: una vida que se construye sobre el amor en lugar de sobre el egoísmo. Al final, el egoísmo solo lleva a muerte. Pero el amor lleva a vida, tanto para nosotras como para los que nos rodean. Cada vez que veas una cruz durante los próximos días, en las iglesias o en el cuello de la gente, recuerda que la cruz de Jesucristo te revela tu verdadero valor. Di en tu corazón una simple oración de gratitud a Jesús por su amor.

VAYAMOS MÁS LEJOS...

1. ¿Qué significan estas frases para ti? ¿Puedes personalizarlas escribiendo cómo se aplican a tu vida de manera práctica?

   Negarme a mí misma—

   Tomar mi cruz—

   Seguir a Jesús—

2. ¿Cómo puedes aplicar 2 Corintios 5:15 (ver arriba) a tu propia vida?

3. En tus propias palabras, considerando tu propia vida, ¿cuál es la diferencia entre el sentido bíblico de dignidad personal y el amor a una misma?

Dios, muéstrame lo que significa negarme a mí misma. Ayúdame a no estar «demasiado ocupada conmigo» para tener tiempo para aquellos que quieres que influya con mi vida, a apartarme para estar contigo y a hacer tiempo para mi renovación.

CAPÍTULO 7

Lo suficientemente segura para servir

Seguir el ejemplo de Cristo

Si hubiera *alguien* seguro de su identidad, ¿no sería Jesús, el Hijo de Dios? Juan 13 nos muestra su fuerte sentido de identidad y dignidad personal, y su total humildad.

> *Se acercaba la fiesta de la Pascua. Jesús sabía que le había llegado la hora de abandonar este mundo para volver al Padre. Y habiendo amado a los suyos que estaban en el mundo, los amó hasta el fin. Llegó la hora de la cena. El diablo ya había incitado a Judas Iscariote, hijo de Simón, para que traicionara a Jesús. Sabía Jesús que el Padre había puesto todas las cosas bajo su dominio, y que había salido de Dios y a él volvía; así que se levantó de la mesa, se quitó*

el manto y se ató una toalla a la cintura. Luego
echó agua en un recipiente y comenzó a lavarles
los pies a sus discípulos y a secárselos con la toa-
lla que llevaba a la cintura (Juan 13:1-5).

Es asombroso descubrir que las respuestas a las cuatro grandes preguntas de la vida que discutimos en un capítulo anterior se responden para Jesús en estos pocos versículos.

Jesús sabía:

1. Quién era: el Hijo del Padre, con poder sobre todas las cosas (versículo 3).
2. De dónde vino: de Dios (versículo 3).
3. Por qué estaba aquí: para mostrar a la humanidad el alcance de su amor; para morir (versículo 1).
4. A donde iba: dejaba este mundo para volver al Padre (versículos 1 y 3).

Aunque Jesús sabía que era el Hijo de Dios, con poder sobre todas las cosas, lavó los pies de sus discípulos. El lavamiento de pies era la tarea de un sirviente, no de un rey, un trabajo prosaico, hediondo y sucio en la época de los caminos de tierra y las sandalias. Incluso los amigos dejaban este trabajo a otros, y Jesús era ciertamente más que un amigo de sus discípulos. Aun así eligió lavarles los pies, sabiendo exactamente lo que ese acto les demostraría.

Recuerda que, en ese momento, los discípulos eran demasiado humanos. Muchas veces no estaban a la altura de las expectativas que Jesús tenía de ellos. A veces dudaban, otras tenían miedo, y a menudo eran completamente estúpidos. En Marcos 9:33-35 se nos dice que los discípulos tuvieron una discusión mientras iban por el camino. Aunque Jesús no escuchó todo lo que decían, oyó lo suficiente para confrontarlos. «¿Qué venían discutiendo por el camino?», les preguntó. «Se quedaron callados, porque en el camino habían discutido entre sí quién era el más importante. Entonces Jesús se sentó, llamó a los doce y les dijo: "Si alguno quiere ser el primero, que sea el último de todos y el servidor de todos"».

Al lavar los pies de sus discípulos, Jesús demostró no solo su propia humildad y voluntad de presentarse como siervo, sino cómo esperaba que vivieran sus discípulos cuando él los dejara. Debían vivir como siervos humildes, no como reyes de este mundo, dispuestos a hacer el trabajo sucio de la vida.

Jesús comenzó a ir alrededor de la mesa. Lavó los pies de Pedro, Santiago, Juan, Tadeo, Tomás... Pero ¿lavar los pies de *Judas, el que lo iba a traicionar ante los romanos?* ¿No sabía Jesús que en pocas horas Judas lo entregaría a sus enemigos y provocaría su muerte? ¡Claro que sí! Pero Jesús vino como siervo de todos, incluso de aquellos que querían matarlo. Mediante su vida y su muerte, él ofrece limpieza a todos, sin excepciones.

¿Qué significa el ejemplo de Jesús para nosotras en nuestra vida diaria? Jesús no se jactaba de quién era, pero ¿cuántas veces hemos oído a otros describir, con gran detalle, sus prestigiosas y bien remuneradas carreras? Jesús nunca evitó una tarea inferior a su categoría, pero ¿cuántas de nosotras no buscamos excusas para no ser voluntarias en un comedor benéfico o en una clínica gratuita? Jesús nunca degradó a nadie para parecer mejor, mientras que nosotras estamos constantemente haciendo comparaciones en nuestra mente entre nosotras y «ellas».

Y no leemos que, mientras les lavaba los pies, Jesús les recordaba a sus discípulos que era el Hijo de Dios. No dijo: «Este no es realmente mi trabajo, ya saben». Ni: «Espero que estén impresionados con lo humilde que soy». No, simplemente realizó la labor con respeto y amor.

Una mujer que está segura de su identidad tiene esa misma libertad para servir a otros en amor. Puede realizar cualquier tarea, no importa cuán humilde sea, y aun así mantener la confianza en sí misma porque su sentido de dignidad personal no depende de su rango o posición. Una mujer que ejemplificó esta actitud fue la Madre Teresa. Dispuesta a cuidar de los sucios y moribundos pobres de Calcuta (India), mostró la dignidad personal de quien no se preocupaba por lo que la gente pensara de ella, al tiempo que se preocupaba intensamente por aquellos a los que atendía. Creo que estaríamos de acuerdo en que estaba segura de quién era y qué hacía.

Como dijimos en un capítulo anterior, este tipo de sentido de la dignidad personal no tiene nada que ver ni con el orgullo ni con el amor a una misma. En lugar de eso, se basa en la humildad. «Si eres humilde —escribió la Madre Teresa— nada te tocará, ni el elogio ni la ignominia, porque sabes lo que eres».[32]

Jesús demostró esta misma humilde autoestima. Si sabía quién era él y quién era Judas y aun así lavó los pies del que pronto lo iba a traicionar, seguro que yo debería encontrar la gracia y la humildad para atender a cualquier ser humano que Dios ponga en mi camino. Piénsalo. Si Jesús pudo lavar los pies de Judas, ¿puedo decirle que no si me pide que haga algo bueno por una persona que no me cae bien? Si tengo la actitud de Jesús, podré realizar cualquier tarea que Dios me pida.

Sí, puede ser difícil hacer tareas serviles día tras día, el *trabajo de las mujeres*, y no sentir que te están infravalorando o que tienes que hacerlo porque eres una mujer y nadie más lo hará. Es difícil cuando los que hacen las «tareas más bajas» son vistos como trabajadores inferiores (y esa no es la idea de Dios en absoluto). Nuestra vida pasa por muchas temporadas. Tanto si tienes un cónyuge que

---

[32] Vinita Hampton Wright y Mary Horner Collins, *Women's Wisdom Through the Ages* (Wheaton, IL: Harold Shaw, 1994), p. 74.

comparte contigo activamente la tarea de criar a los hijos como si no, o si eres madre soltera, la crianza de niños pequeños es una temporada llena de tareas ingratas. Tu «llamado» o propósito en esta época de tu vida no es menos valioso a los ojos de Dios que en cualquier otra época en la que estés consiguiendo cosas «importantes» a los ojos de tu cultura.

Incluso en las temporadas de «servicio», hay veces en las que está bien decir que *no*. Es necesario decir que no. Jesús no curó a todos los enfermos de su mundo. No alimentó a todos los hambrientos. A veces, se alejaba de las multitudes que lo aclamaban.

Podemos realizar cualquier tarea a la que Dios nos llame, y no necesitamos rebajarnos ante los demás para ser humildes. Hace varios años una familia americana se mudó al lado de una mujer china. Queriendo ser amigable, la dama china hizo un plato de albóndigas y se lo llevó a su nuevo vecino. Mientras se lo daba, la señora china comentó: «¡No son buenas!». Después de que la dama se fue, el americano le tomó la palabra y las botó. Unas semanas más tarde, la señora china le llevó unas empanadillas a su nuevo vecino con el comentario: «¡No son buenas!». De nuevo, el americano las desechó, pero esta vez se despertó su curiosidad. Después de investigar la cultura china, se enteró de que en la antigua cultura china la buena educación aconsejaba desacreditar un regalo al presentarlo. Del mismo modo, si alguien comenta que tienes un hijo muy bueno, la respuesta apropiada de los antiguos chinos era: «¡En realidad es muy tonto!».

Pero, en nuestra cultura, cuando hacemos esto solo estamos llamando la atención sobre nosotros mismos. La autora Hannah Whitall Smith advirtió contra esta tendencia: «Algunos creen que son humildes y de corazón humilde cuando dicen cosas negativas y de desprecio sobre sí mismos, pero estoy convencida de que el gigante YO se ve a menudo tan exaltado y engreído por la autoinculpación como por la autoalabanza».[33]

Una amiga te felicita por el *top* que llevas puesto. ¿Cuál es tu primera reacción? «Oh, lo encontré por cinco dólares en un mercadillo». ¿Cuándo aprenderemos que un simple agradecimiento es la mejor respuesta? Tendemos a menospreciarnos a

---

[33] Melvin E. y Hallie A. Dieter, *GOD Is Enough* (Hong Kong: Zondervan, 1994).

nosotras mismas. Jesús nunca hizo eso. Nunca negó quién era. No se jactaba de ello, pero tampoco lo negaba. Estaba seguro de quién era.

Nadie puede decir que Cristo negó su divinidad. Por otro lado, nadie puede decir: «Soy tan inferior que él no se identificó conmigo». Aunque entendía completamente quién era, Jesús no actuó de manera egoísta, distanciándose de la gente. Limitó la expresión de sí mismo sin negar de ninguna manera su «personalidad», quién era en realidad.

¿Podemos dejar de menospreciarnos? Sí, en la medida en que permitamos que el Espíritu Santo controle nuestras decisiones y nuestras acciones. Para ello, debemos tener un claro sentido de quiénes somos —personas valiosas a los ojos de Dios— y estar dispuestas a servir a los demás, no importa cuán humilde sea la tarea. Podemos seguir sus pasos.

Por supuesto, con nuestras propias grandes ideas vamos a desviarnos del camino de Jesús. Seguimos deseando hacer las cosas a nuestra manera. Todos los días debemos lidiar con nuestro egoísmo y con la tendencia a discutir sobre los detalles. «¿No sería este otro camino un poco más rápido?», quizá digamos, o «Está oscureciendo, ¿podemos volver ya a casa?». A menudo nos metemos en nuestro propio camino y perdemos de vista a Jesús, que siempre anda delante de nosotras y nos muestra el camino que debemos tomar. Pero, cuando recordamos que Cristo vive dentro de nosotras y que podemos pedirle ayuda en cada momento, nos acercamos más a su ejemplo. Nuestra naturaleza lucha arduamente contra este tipo de vida, porque somos egoístas, pero como creyentes también tenemos a Cristo viviendo su vida en nosotras.

Esa actitud pone la autoestima en el lugar que le corresponde, en una perspectiva bíblica. No hay lugar para el desprecio o el egoísmo. No podemos decir: «No soy buena, nunca lograré nada importante», porque Dios ha dicho que somos personas de valor. Él nos tiene asignada una obra que tenemos que hacer para él. Tampoco podemos decir: «Soy demasiado importante para rebajarme a hacer eso», porque Jesús nos dio ejemplo al hacer las tareas más bajas de las personas más bajas.

¡Qué seguridad! Dios nos ama, y ha tomado nuestras vidas por una razón. Día a día, al cooperar con él, podemos alcanzar su propósito para nuestras vidas porque somos valiosas para él.

La actitud de ustedes debe ser como la de Cristo Jesús, quien, siendo por naturaleza Dios, no consideró el ser igual a Dios como algo a qué aferrarse (Filipenses 2:5-6).

Jesús no se jactó ni menospreció quién era, ni en su propio pensamiento ni en la expresión de sí mismo a los demás. Él era Dios, y lo sabía; nunca negó su propia naturaleza o atributos. Es un falso sentido de la humildad (¿o es en realidad el orgullo?) el que nos hace pensar que debemos negar todo lo bueno que alguien dice de nosotros.

Jesús estuvo dispuesto a venir a nosotros en nuestro nivel: sin pecado, pero con las limitaciones del ser humano. En Filipenses 2:7-8, Pablo continúa diciéndonos que Jesús renunció a sus privilegios divinos, tomando la humilde posición de un esclavo cuando apareció en forma humana y obedeció humildemente a Dios, aunque esto significara su muerte como un criminal en una cruz.

Si pusieras música a esas frases, cada una tendría un tono más bajo que la anterior, pero la intensidad de cada frase aumentaría porque cada pensamiento es aún más sorprendente que el anterior.

La obra de Cristo en este mundo fue tender un puente entre Dios y la humanidad pecadora. Él mismo fue ese puente. Aunque nuestra tarea no es la misma que la de Cristo, en Filipenses 2:5 se nos insta a tener la misma mentalidad que tuvo él hacia la misión de su vida, es decir:

1. Conocer y aceptar quiénes somos: pecadoras salvadas por gracia y ahora aceptadas en Cristo, justificadas, perdonadas, adoptadas en su familia, redimidas, limpiadas y en comunión con Dios.
2. Debes estar dispuesta a identificarte con cualquier otro ser humano para cualquier propósito que Dios tenga para esa relación.

Primera de Corintios 2:16 dice que «tenemos la mente de Cristo». Cuando seguimos Filipenses 2:5, tenemos realmente la misma «mente» que Jesús. Su espíritu de amor y humildad controlará nuestras vidas.

ABRAZA LA PALABRA

Acérquense a Dios, y él se acercará a ustedes.
SANTIAGO 4:8

Un bebé se siente seguro del amor de sus padres al pasar todo el día cerca de estas personas que tanto lo aman. Nosotras también nos sentiremos seguras pasando más tiempo con Dios. Reserva un tiempo especial, no importa cuán corto sea, para estar a solas con Dios. Luego da un paso más. Háblale durante todo el día: en el trabajo, mientras conduces, durante las tareas domésticas, dondequiera que estés, con lo que sea que estés haciendo. Él siempre está contigo. Acostúmbrate a incluirlo en tu vida diaria. Cuando lo hagas, su amor comenzará a echar tus temores por la puerta de tu corazón.

VAYAMOS MÁS LEJOS...

1. Explica con tus propias palabras cómo el hecho de menospreciarse a una misma todo el tiempo puede ser otra forma de egoísmo. ¿Ves eso en tu vida?

2. Si estuvieras totalmente segura del amor de Dios, ¿qué diferencia habría en tu forma de vivir?

Jesús, ayúdame a tener el mismo sentido saludable de dignidad personal que tú tenías cuando vivías en nuestro mundo. Ya no quiero que me gobierne el egoísmo. Quiero ser gobernada por tu amor.
Gracias por tu perfecto amor. Tienes mi permiso para obrar en mi corazón. Quiero estar lo suficientemente segura para servir como tú lo hiciste.
Amén.

CAPÍTULO 8

❧

¿Basura o tesoro?

Para las sobrevivientes del abuso

Una de cada tres mujeres de todo el mundo ha experimentado violencia física o sexual en algún momento de su vida.[34] Esto deja unas heridas profundas: «Somos seres completos. Somos cuerpo, alma, espíritu, mente. No somos solo un cuerpo o solo una mente o solo emociones, y el daño se produce en todos los niveles de nuestro ser»,[35] explica la sobreviviente de abuso sexual Kay Warren. Un sentimiento de vergüenza que se remonta a los primeros recuerdos de una mujer la lleva a odiarse a sí misma, y eso se convierte en una parte tan integral de su personalidad que piensa que las cosas son así.

---

[34] «Facts and Figures: Ending Violence against Women», *UN Women*, noviembre 2018, http://www.unwomen.org/en/what-we-do/ending-violence-against-women/facts-and-figures.

[35] «"Jesus Cares for Our Pain": Beth Moore, Rick and Kay Warren Tell Sex Abuse Victims How They Can Find Healing in Church», *CBN News*, 13 febrero 2018, https://www1.cbn.com/cbnnews/us/2018/february/jesus-cares-for-our-pain-beth-moore-rick-and-kay-warren-tell-sex-abuse-victims-how-they-can-find-healing-in-church.

El abuso puede ser físico, sexual, verbal o emocional. Las palabras por sí solas pueden tener una gran poder de destrucción. Elizabeth Smart tenía catorce años cuando fue secuestrada a punta de cuchillo de su cama en medio de la noche en Salt Lake City, Utah. Su familia la buscó en vano. Nueve meses después, la reconocieron mientras caminaba por la calle con su secuestrador.

Por algún tiempo, Smart estuvo encadenada a un árbol. Con el tiempo, ya no hicieron falta las cadenas para evitar que huyera. Bastaba con las palabras. Su captor la amenazó constantemente con matar a su familia si no cumplía con sus exigencias sexuales. «Me han encadenado con cadenas reales, pero también me han encadenado con palabras y puedo decirles que las palabras son mucho más fuertes que las cadenas reales», relató ella más tarde.[36]

Si eres una sobreviviente de abuso, cautiva de la vergüenza, tenemos buenas noticias para ti: ¡Jesús quiere liberarte! Es más, tiene el poder para hacerlo.

---

[36] «Elizabeth Smart Says Kidnapper Was a "Master at Manipulation"» *NPR*, 8 octubre 2013, http://www.npr.org/2013/10/08/230204193/elizabeth-smart-says-kidnapper-was-a-master-at-manipulation.

En su libro *As Jesus Cared for Women*, el doctor W. David Hager habla de la mujer que lavó los pies de Cristo con sus lágrimas (puedes leer la historia en Lucas 7). Es probable que esta mujer hubiera sido herida por los hombres muchas veces en su vida. Había sido tratada como un objeto tan a menudo que ella también se veía así a sí misma. Seguro que se sentía indigna.

¡Cuál no sería su asombro cuando conoció a Jesús! Ahora había un hombre que la veía a *ella*, no a un objeto. Y no solo la vio, sino que la amó y la perdonó. No es de extrañar que llorara mientras derramaba el perfume sobre los pies de Jesús. «Tal vez lloraba hasta quedarse dormida en muchas noches solitarias —escribe el doctor Hager—. Tal vez había llorado de dolor [...]. Esta noche, sin embargo, estaba derramando ante Jesús toda una vida de culpa y angustia acumuladas».[37]

Algunas de nosotras tenemos cicatrices más profundas que otras, pero todas tenemos cicatrices. El doctor Hager escribe:

---

[37] W. David Hager, *As Jesus Cared for Women* (Grand Rapids, MI: Revell, 1998), p. 87.

Cuando alguien nos hace daño, nos abandona o nos avergüenza, decidimos que haremos lo que sea para que no vuelva a suceder, hacemos subconscientemente juramento de proteger nuestras partes más vulnerables.

Estos juramentos pueden llevarnos a conductas malvadas o socialmente inaceptables antes de experimentar el perdón, o a conductas de autoprotección incluso después de conocer el amor de Cristo. Sin embargo, él siempre está dispuesto a ayudarnos a anular esos juramentos y a derribar esos muros que son realmente barreras para la curación interior que Dios quiere realizar en nuestras vidas. Él desea cuidar de nuestras heridas, y lo hará, en la medida en que estamos dispuestas a abrirnos a él y a su amoroso ministerio en nuestras vidas.[38]

Al leer las historias de este capítulo, recuerda: Si tú también tienes heridas profundas de un pasado de abuso, Jesús quiere sanar esas heridas. Él te ama. Eres más valiosa para él de lo que podrías imaginar.

---

[38] Hager, *As Jesus Cared for Women*, p. 93.

No hay ninguna duda al respecto: Rachel fue una víctima. La palabra «*disfuncional*» se queda corta para describir a su familia. Mientras su madre estaba embarazada de Rachel, su padre la apuñaló en el estómago, tratando de matar a su hija no nacida. Sus padres eran adolescentes, ambos sordos y sin empleo. Pronto se divorciaron, y Rachel y su madre se fueron a vivir con sus abuelos y dos tíos que solo eran cuatro y cinco años mayores que Rachel. Los chicos se burlaban de Rachel sin cesar, dejándola fuera de la casa, riéndose de sus gritos de ayuda, que su madre, al ser sorda, no podía oír, y amenazándola con hacerle daño si los «delataba». Su abuela gobernaba la casa con mano de hierro, ordenando a un tío mayor las palizas que debía dar si no la obedecían.

Cuando tenía unos cinco años, los tíos adolescentes de Rachel empezaron a acercarse a ella con intenciones sexuales. No se detuvieron ante nada para humillarla, no dudaron en golpearla o quemarla si se resistía. Se mudaron otros parientes a la pequeña casa, y Rachel se vio obligada a compartir la cama con uno de estos tíos.

Rachel disfrutaba de ir a la iglesia y empezó a

amar a Dios a una edad temprana. Todavía era una niña cuando su madre murió, tras una serie de apoplejías. Después de la muerte de su madre, su abuela permitió de mala gana que Rachel siguiera viviendo con ella.

La familia se mudó a otro pueblo, y la vida mejoró para Rachel, pero no por mucho tiempo. Ahora tenía nueve años, y como su abuela estaba trabajando de nuevo, le exigían que lavara, planchara y limpiara, además de ir a la escuela. La limpieza de la casa incluía fregar las tablas del suelo con un cepillo de dientes y lavar todas las paredes, armarios y ventanas cada semana... ¡y si no hacía bien alguna tarea lo lamentaría! Una vez, porque la tapa de una olla no estaba bien colocada, su abuela se enfureció, agarró todas las ollas y sartenes y las tiró al suelo, junto con la cubertería, las conservas, los plásticos, los cereales y las especias. Luego dijo: «Me voy. Espero que esta cocina quede impecable, si no, ¡ya verás cuando regrese!».

Pronto llegó el problema del alcohol a la casa. Las fiestas de la abuela a menudo significaban que Rachel tenía que hacer de camarera, bailar y, por supuesto, limpiar después. No era mejor cuando su abuela salía a los bares, porque entonces los muchachos abusaban de Rachel con desenfreno. A veces, cuando su abuela se endeudaba por la bebida, hacía tratos con sus acreedores y les enviaba a Rachel. Deprimida por los efectos del alcohol, la abuela de Rachel intentó ahogarse en el retrete, amenazó con matarse con un cuchillo de carnicero, e intentó saltar de un auto mientras iba a toda velocidad por la autopista.

Como Rachel estaba bajo la tutela del estado, había una trabajadora social que la visitaba una vez al año. La abuela de Rachel sacaba a relucir su encanto durante estas visitas, servía café y galletas, y era una amable anfitriona. Rachel estaba demasiado asustada para hablar. Después de que su abuela le dijera a la trabajadora social lo buena que era Rachel, la trabajadora social le decía a Rachel lo afortunada que era de vivir con una abuela tan maravillosa.

Te preguntarás por qué Rachel no pidió ayuda. En realidad, uno de los sacerdotes a los que fue a confesarse le preguntó sobre lo que estaba pasando, pero Rachel había sido sometida a golpes hasta tal punto que se culpaba a sí misma. Confesó algunos de los terribles pecados en los que había participado en casa, y el sacerdote se limitó a decirle «no vuelvas a hacerlo». Para Rachel era normal que la golpearan hasta caer al suelo. La vergüenza de pedir ayuda habría sido abrumadora. Dudaba que alguien la creyera.

A estas alturas, a Rachel no le importaban sus notas en la escuela; se le daba bien blasfemar y hurtar en tiendas, así que se unió a una pandilla. Al mismo tiempo, se estaba convirtiendo en una excelente bailarina. Su profesora de *ballet*, Joyce, llegó a ser una influencia en su vida; la vida en casa era una pesadilla, pero la vida en la de Joyce era el rayo de esperanza de Rachel. Ponía excusas para pasar más y más tiempo en la casa de su profesora. Cuando Rachel le contó a Joyce un poco de lo que estaba pasando, fue tan terrible que Joyce no sabía si creérselo. Pero un día, debido a los moretones que vio en Rachel, Joyce pidió permiso para llamar a su trabajadora social. Además, invitó a Rachel a irse a vivir con ella. Por primera vez, Rachel sintió que tenía una salida, pero se sentía desgarrada. Amaba a Joyce, y, por extraño que parezca, también a su abuela.

Después de una pelea física con sus tíos, Rachel caminó los 24 kilómetros hasta la casa de Joyce. Fue un día histórico para Rachel en más de un sentido, ya que ese día Joyce se sentó con ella y, con una Biblia abierta, le explicó cómo tener una relación personal con Jesús. Por primera vez, Rachel escuchó una clara explicación del evangelio, y en su corazón ansiaba más. Sin embargo, Joyce no oró con ella para aceptar a Jesús ese día. Quería asegurarse de que fuera decisión propia de Rachel, y no solo para complacerla a ella.

La reunión con la trabajadora social solo resultó en que esta dijo: «Es tu palabra contra la de tu abuela, y nunca te creerán». Cuando su abuela se enteró de que Rachel quería irse de casa y vivir con Joyce y que le había dicho a la trabajadora social que su abuela tenía un problema con el alcohol, se puso furiosa y empezó a abofetear a Rachel y a golpearla sin piedad con un cinturón. «¡Jesús, ayúdame!» era lo único que Rachel podía decir una y otra vez. Entonces, dice Rachel, ocurrió un milagro.

La abuela dejó caer el cinturón, empezó a llorar y dijo: «No puedo hacerte daño. Te quiero, aunque me hayas apuñalado el corazón».

Durante las siguientes semanas, hasta que Rachel se fue de casa para siempre, la vida fue una pesadilla tratando de aplacar a su abuela. Una noche, durante esa temporada, su abuela bebió mucho y salió su viejo yo furioso, descargando su ira en Rachel.

«Entré en el cuarto de la abuela y, sentada en el borde de su cama, oré como nunca antes lo había hecho —dijo Rachel—. Amado Dios, si puedo conocerte como dijo Joyce y te preocupas por mí como dijo Joyce, te pido que me saques de esta casa y me dejes vivir con Joyce. Si lo haces, te entregaré mi vida».

«Estás muerta para mí —gritó su abuela—, y no quiero saber de ti nunca más, y que a nadie se le ocurra pronunciar tu nombre». Rachel vio con horror cómo su abuela arrancaba sus fotos de bebé de los marcos y se las arrojaba a sus pies. «No eres bienvenida aquí. ¡Fuera de mi vista!».

Rachel me contó: «Le dije a la abuela que la amaba y me despedí». No hubo respuesta.

«Cuando llegué a casa de Joyce, me había hecho un pastel». Además, le había comprado a Rachel una cama y se la había arreglado. Fue el comienzo de una nueva vida.

Cuando le preguntaron de dónde sacó el valor para seguir adelante, Rachel dijo: «Es el Señor quien me ayuda a soportarlo. Él es mi fuerza, mi sustento, mi roca y mi escudo. Sé que no lo habría conseguido si no supiera quién es Dios. Estudié con atención las Escrituras —continuó Rachel—. Leí en 2 Pedro que Dios nos ha dado "todas las cosas que pertenecen a la vida y a la piedad". Con ese texto bíblico le presenté mi petición al Señor y le pedí ayuda. Vi en las Escrituras que Dios es soberano. Me ama de una manera incondicional, total, completa. Dios es amor. Cuando sentía que no le importaba a Dios, sabía que eso era mentira. Las Escrituras me dicen que él se interesaba con pasión y ternura por los perdidos, los lisiados, los niños pequeños. Las Escrituras también dicen que él es «el mismo ayer, hoy y por los siglos». Así que lo que leía en la Palabra era la verdad; lo que sentía era mentira. Eso no significa que a Dios no le importe cómo me siento, pero él también quiere que aprenda a confiar en él».

Cuando los viejos sentimientos de vergüenza tratan de entrar, Rachel está preparada.

«Comienzo recitando las Escrituras. A veces me digo estas verdades mil veces al día hasta que empiezo a creerlas en mi corazón. Las cuelgo por todas las paredes de mi casa, porque sé que la batalla se libra en mi mente: "Fíate de Jehová de todo tu corazón, y no te apoyes en tu propia prudencia. Reconócelo en todos tus caminos, y él enderezará tus veredas" [Proverbios 3:5-6 RVR60]. "Echando toda vuestra ansiedad sobre él, porque él tiene cuidado de vosotros" [1 Pedro 5:7 RVR60]. «Si vosotros, aunque seáis malos, sabéis dar buenos regalos a vuestros hijos, ¡cuánto más vuestro Padre celestial dará buenos regalos a los que se los pidan! [Mateo 7:11 RVR60]. En Jeremías el Señor pregunta: "¿Es algo demasiado difícil para mí?" [Jeremías 32:27]. Su brazo no se ha acortado para llegar a mí, ni su oído se ha agravado para no oírme. Esto es lo que me hace superarlo todo».

Como muchas víctimas, Rachel descubrió que, cuando Dios era lo único que tenía, Dios era suficiente.

«Mis problemas eran demasiado grandes para cualquiera, sobre todo para una niña. Tuve que arriesgarme a confiar en Dios. Cuando dije esa oración desesperada, "Dios, si me dejas vivir con Joyce, te entregaré mi vida", el único al que podía acudir era Dios. Ahora estoy aprendiendo a cumplir mi parte del trato. Ofrecí mi vida, y lo que él Señor me devolvió es increíble: paz, consuelo, comprensión, alegría y amor constante. Nunca cambiaría mi vida con el Señor por nada, por difíciles que sean la vida o las circunstancias. Todo lo que paso no es nada comparado con lo que el Señor pasó por mí. Él está usando mis experiencias para cambiarme, moldearme y darme forma, para que esté lista para pasar la eternidad con él. ¿Cómo puedo quejarme de eso? Necesitamos una perspectiva eterna».[39]

Sí, Rachel fue una víctima. Casi todas las personas importantes en su infancia y adolescencia la decepcionaron. La trataron como basura. Con una infancia así, uno pensaría que le sería imposible descubrir su gran valor para Dios. Sin embargo, Dios se dedica a salvar vidas. Hoy en día, Rachel está casada con un pastor, un hombre cariñoso que entiende el

---

[39] Entrevista personal escrita con Darlene Sala, 1999.

daño que le hicieron en su pasado, y es madre de tres hijos. Rachel entiende y anima a otras mujeres que también son supervivientes de abusos. Dice que algún día escribirá un libro que quiere titular *La vida es dura, ¡pero Dios es bueno!*

Kayla compartió sobre sus sentimientos de falta de dignidad. Se crio en un hogar donde le decían constantemente: «No puedes hacer nada bien, nunca llegarás a nada». Estas palabras desalentadoras y derrotistas penetraron en su alma y en su espíritu. Kayla dijo: «Al tratar con todas mis fuerzas de ganar afirmación y sentirme bien conmigo misma, intenté todo tipo de comportamiento, sincero y poco sincero».

Incluso después de casarse con un buen hombre y tener dos hijas, en su corazón seguía habiendo un anhelo de sentirse valiosa para sí misma y para los demás. Se volvió hacia una religión que le enseñó a pensar solo con pensamientos positivos, pero eso solo le trajo más esclavitud, porque ahora tenía que probarse a sí misma de una manera diferente, siendo constantemente positiva. Nadie puede ser genuinamente positivo todo el tiempo, así que su religión la obligaba a negar una vez más su verdadero ser.

Cuando tenía treinta años, un buen amigo le presentó a Jesús. «Me instó a leer la Biblia y a abrirle mi corazón a Dios sobre mis sentimientos. En mi anhelo de aprender más sobre mi Salvador, encontré el versículo que dice: «¡Fíjense qué gran amor nos ha dado el Padre, que se nos llame hijos de Dios! ¡Y lo somos! El mundo no nos conoce, precisamente porque no lo conoció a él» (1 Juan 3:1).

¡Este pensamiento sacudió mi corazón! Me di cuenta de que era la hija del Señor de señores y Rey de los reyes, su hija para siempre. Comenzó el cambio en mi corazón. ¡Yo era de gran valor para él! Experimenté una liberación de la esclavitud de tener que demostrarme cosas a mí misma y tener que luchar por la autoestima. Fui escogida por Dios para dar fruto para él. Qué gran privilegio para mi vida».

La victoria nunca es constante, cuenta Kayla, pero en esos momentos de derrota repite: «Soy su hija», todos y cada uno de sus días. Restaurada de nuevo por su amor y perdón, puede servirle con un corazón verdaderamente agradecido. Ya no busca en los demás sus sentimientos de dignidad, sino que usa esa energía para vivir sus días con Jesús con un corazón seguro en su amor y en su gozo.

Tal vez te sientes como basura porque las personas importantes de tu vida te han dicho que eso es lo que eres y te han tratado como tal. ¡No lo creas! Tú no eres los abusos que sufriste. Ni los abusos fueron culpa tuya. Ni entonces, ni ahora ni nunca.

Las maestras bíblicas Beth Moore y Kay Warren, ambas sobrevivientes de abuso sexual en la infancia, presentan seis pasos que todas las víctimas de abuso deben seguir para sanarse. Son:

1. Establece seguridad— Busca alguien en la iglesia o en otro lugar en quien puedas confiar.

2. Escoge afrontar la verdad y sentir— Admite la gravedad de la situación y permítete sentir las emociones dolorosas que conlleva.

3. Cuenta tu historia— Contárselo a otros puede traerte sanidad porque permite que otros se unan a ti y te apoyen, y les muestra a otras víctimas de abuso que no están solas. Un programa cristocéntrico como *Celebremos la recuperación* puede ayudarte a sanar y a saber que no estás sola.

4. Identifica las distorsiones y reclama el

diseño original de Dios— Descubre las mentiras sobre tu cuerpo, tus emociones, Dios, o tu autoestima que has creído. En lugar de ellas, cree lo que Dios ha dicho sobre ti.

5. Arrepiéntete del entumecimiento y la negación— Dios nos ha creado para sentir, y las víctimas de abuso a veces entumecen sus emociones para no sentir el dolor que se les ha infligido. En su lugar, permítete sentir esas emociones.

6. Llora la pérdida y atrévete a tener esperanza— Llora lo que has perdido y atrévete a esperar que Dios te devolverá lo que te han robado.[40]

Si eres una sobreviviente de cualquier tipo de abuso en el pasado, estudia este libro con atención. Busca cada versículo bíblico y márcalo. Si estás sufriendo maltrato en la actualidad, por favor, busca ayuda. Eres una hija de Dios, no mereces vivir con miedo. Si estás casada, con hijos, y tienes un marido maltratador, debes protegerte a ti y a tus hijos poniendo distancia entre el maltratador y tú. Él tiene que

---

[40] «"Jesus Cares for Our Pain": Beth Moore, Rick and Kay Warren Tell Sex Abuse Victims How They Can Find Healing in Church», *CBN News*, 13 febrero 2018, https://www1.cbn.com/cbnnews/us/2018/february/jesus-cares-for-our-pain-beth-moore-rick-and-kay-warren-tell-sex-abuse-victims-how-they-can-find-healing-in-church.

asumir su problema y buscar ayuda. Y el problema es *de él*. No le creas cuando te diga que todo es culpa tuya y que mereces ser castigada, porque eso no es cierto. Eres una persona de valor, no importa lo que te diga. Ve con tu pastor o busca un refugio, o una amiga o pariente que te acoja temporalmente. Ve a la policía y pide una orden de alejamiento. No te será fácil hacer estas cosas. Después de años de maltrato, necesitarás la ayuda de otros para decir «basta». Quizás necesites varios intentos, pero con apoyo puedes salir del círculo vicioso que está arruinando tu vida y la de tus hijos.

Si eres una joven que aún está en la escuela y sientes que te están maltratando, primero habla con el padre no involucrado. Si eso no detiene el maltrato, habla con tu maestro, la enfermera de la escuela, el director o el pastor. No sientas vergüenza. Esto les sucede a las mujeres que te rodean, y la gente quizás ya sospeche que algo anda mal en tu familia.

No estás sola en esto. Puedes pedirle a Dios que te ayude a encontrar una salida.

[Jesús dijo:] «El Espíritu del Señor está sobre

mí [...]. Me ha enviado a proclamar libertad
a los cautivos [...], a poner en libertad a los
oprimidos» (Lucas 4:18).

La Biblia también dice que el Espíritu Santo es el Defensor de quien cree en Jesús. Dice que es «otro Abogado Defensor, quien estará con ustedes para siempre» (Juan 14:16 NTV). Su labor es ir a tu lado. Puede recordarte las promesas de Dios y te «guiará a toda la verdad» (Juan 16:13). Puede traer sanidad a tu mente, cuerpo y espíritu.

Algunas de nosotras hemos sufrido a manos de aquellos que se suponía que debían amarnos, protegernos y guiarnos. En el libro de Alma Kern *You Are Special*, escribe:

Algunas nacimos de padres que nos amaban
y se alegraron de nuestro nacimiento. Nos
recibieron con alegría como regalos preciosos de
Dios. Nos criaron lo mejor que pudieron.

Otras parecemos haber sido accidentes
biológicos, llegadas de manera no planificada,
no esperada, no deseada y no amada.

Sean cuales sean las circunstancias de tu
nacimiento, no eres una simple casualidad

de la naturaleza. ¡Dios te hizo! Dios usa las mejores intenciones de las personas. También puede anular las peores intenciones para lograr su propósito.

Tú eres especial. Dios te hizo.[41]

ABRAZA LA PALABRA

Despreciado y rechazado por los hombres, varón de dolores, hecho para el sufrimiento. Todos evitaban mirarlo; fue despreciado, y no lo estimamos.
ISAÍAS 53:3

Si has sido rechazada y maltratada por las personas más próximas, no estás sola; Jesús entiende tu dolor. Él también sabía lo que era ser rechazado y odiado; sabía lo mucho que dolía que la gente te dé la espalda e ignore tu dolor. Era el Hijo de Dios; estaba allí cuando el mundo fue creado; y amó tanto a los seres humanos que vino al mundo para quitar sus pecados. Pero aquellos a quienes amó no lo quisieron. La humanidad lo rechazó. Fueron aún más lejos y lo torturaron y le escupieron. Al final, lo mataron.

---

[41] Alma Kern, *You Are Special* (St. Louis, MO: Lutheran Women's Missionary League, 1985).

A veces, cuando estamos heridas, miramos al resto del mundo y parece que todos los demás son felices y amados. Sentimos que nadie entendería nuestra vida. Pero Jesús entiende. Podemos derramar nuestro dolor y angustia ante él, porque él realmente «ha estado ahí». La Biblia dice: «Pues Dios hizo que Cristo, quien nunca pecó, fuera la ofrenda por nuestro pecado» (2 Corintios 5:21 NTV). Por eso Jesús se enfrentó al rechazo y al dolor: porque te amó mucho.

Mateo 21:42 dice de Jesús: «La piedra que desecharon los constructores ha llegado a ser la piedra angular; esto es obra del Señor, y nos deja maravillados».

Tú también puedes haber sufrido rechazo de la gente. Los más cercanos a ti quizás te hayan hecho sentir que no vales nada. Tu vida es como un montón de escombros, listos para ser llevados a la basura.

Pero Dios tiene otros planes para ti. Él quiere darte la hermosa mansión que está construyendo. Jesucristo, aquel a quien la humanidad dio la espalda, es la piedra angular de ese increíble hogar... y también tiene un lugar para ti, un lugar que solo tú puedes ocupar. Tú no eres basura, sino una piedra preciosa, parte de los tesoros de Dios.

Isaías 54:11-12 dice: «¡Mira tú, ciudad afligida, atormentada y sin consuelo! ¡Te afirmaré con turquesas, y te cimentaré con zafiros! Con rubíes construiré tus almenas, con joyas brillantes tus puertas, y con piedras preciosas todos tus muros».

Cuando miras tu vida ahora, puede que solo veas pedazos destrozados en el suelo. Pero Dios ve zafiros, rubíes y joyas brillantes. Pon tu vida en sus manos y un día brillarás.

VAYAMOS MÁS LEJOS …

1. ¿Qué experiencias en tu vida te han hecho sentir que no vales nada?

2. ¿Alguna vez le has contado estas experiencias a alguien? Se dice que uno solo está tan enfermo como sus secretos. ¿No será hora de que busques a alguien que te ayude a enfrentarte a ellos?

3. Nuestras mentes son como las computadoras: cuando se introduce el mismo mensaje una

y otra vez, nos programamos para tener los mismos pensamientos una y otra vez hasta que se conviertan en parte de lo que somos. Si has sido víctima de alguna forma de abuso, tu mente ha sido programada con mentiras que dicen que no tienes valor, que no eres digna de ser amada y que no vales nada. Tal vez necesites ayuda para reprogramar tu mente; puede que necesites trabajar con un consejero o con una amiga que te aprecie. Pero hay algo que también puedes hacer: puedes empezar a introducir nuevos mensajes, como lo hizo Rachel, leyendo la Biblia una y otra vez.

4. Anota un versículo de este capítulo que te hable de manera especial. Ahora léelo una y otra vez hasta que hayas memorizado la idea principal. Tal vez quieras copiarlo en notas y pegarlas en tu casa, en tu auto, en tu bolso. Cuando te sorprendas a ti misma empezando a repetir ese programa mental viejo y mentiroso, vuelve inmediatamente a tu versículo. Léelo. Dítelo a ti misma. Estarás reprogramando tu mente con amor y verdad.

4. Ora por otras mujeres que han experimentado

el mismo dolor que tú. Pídele a Dios que te dé oportunidades para llegar a ellas y ayudarlas. El dolor siempre es más fácil de soportar cuando se comparte.

Dios, tú lo sabes todo sobre las formas en que me han herido. Cuando me sentí tan sola e indeseable, tú estabas ahí conmigo, llorando conmigo, sufriendo conmigo. Me amaste desde el principio. Me escogiste. No soy basura. Amado Señor, por favor, sáname. Me pongo en tus manos, con todas las cicatrices y los pedazos rotos. Úsame para construir tu reino. Quiero brillar para ti.
Amén.

CAPÍTULO 9

❧

Si tan solo no hubiera...

Vivir libre del pasado

«Ojalá pudiera creer que lo que ha dicho esta noche es verdad», comentó la mujer al orador al final del servicio. Había hablado del perdón de Dios, pero la profunda tristeza en sus ojos revelaba que no había sido capaz de aceptar la verdad del mensaje.

Con lágrimas en los ojos, añadió: «¡Lo que he hecho es tan malo que no podré perdonarme jamás!». Se sentía con razones para castigarse por el resto de su vida y estaba atormentada por la culpa. La culpa y el recuerdo de aquellos a los que había herido por su maldad le robaban cualquier alegría que la vida pudiera darle. Era miserable y sentía que merecía vivir de esta manera.

Megan se sentó en el círculo de mujeres, con la cabeza en las manos. «Aborté dos veces —sollozó—. Luego viví con mi novio siendo adicta por muchos años y ahora es demasiado tarde. No volveré a ser madre». Y los corazones de las otras mujeres en la sala se dolieron con ella, porque casi todas ellas también habían experimentado la angustia de un aborto.

Todas hemos hecho cosas que lamentamos. A veces somos hirientes, desleales o rebeldes Soltamos palabras ácidas en un arrebato de ira, incapaces de contenernos, y causamos un daño profundo a los demás. Obramos con imprudencia y otros comparten las consecuencias.

Entonces nos damos cuenta de lo que hemos hecho. «¿Por qué hice eso? ¡Si tan solo no hubiera dicho eso! Ojalá pudiera rehacerlo todo». La culpa se precipita cuando nos damos cuenta de que hay algunas palabras y acciones que no se pueden borrar, por mucho que nos atormenten. El daño ya está hecho.

Aun cuando las personas a las que hemos herido nos perdonen, a veces nos parece imposible perdonarnos a nosotras mismas, y nuestras vidas están permanentemente marcadas por la culpa, como en el caso mencionado arriba. Cuando alguien dice que no puede perdonarse a sí mismo, necesita entender dos conceptos.

1. Perdonarte a ti misma no es lo mismo que decir: «No pasa nada, lo que hice no fue tan malo después de todo». El pecado, no importa quién lo cometa, está mal. Es un acto que nos afecta a nosotras y a quienes nos rodean. En última instancia, es un acto contra Dios. No podemos encubrir el pecado. Ni toda la racionalización del mundo puede cambiar el hecho de que el pecado está mal.

Sin embargo, muchas de nosotras pensamos que, si perdonamos a alguien (incluidas nosotras mismas), debemos decir: «No pasa nada con lo que hiciste». Olvidémoslo y no hablemos más de ello». No es así. Perdonar no significa decir que lo *malo* está *bien*. Tampoco significa decir que el mal no tuvo importancia. Sí la tuvo. Me dolió.

Lo que significa que, cuando perdono, renuncio a mi derecho de hacerte daño a ti (o a mí misma) porque tú me lo hiciste primero. El acto pecaminoso estuvo mal tanto a los ojos de los seres humanos como a los de Dios, pero Dios ha posibilitado una vía de perdón que resolverá el problema del pecado. Si bien es malo cometer un pecado, también lo es seguir castigándose por el pecado que Dios ya ha perdonado. Eso nos lleva al segundo concepto.

2. Dios te perdonará y, si te perdona, ¿quién eres tú para negarte el perdón a ti misma? Recuerda, Dios es el Creador de toda nuestra realidad, así que, si él dice que ya no eres culpable, es así. Si te aferras a tu culpa, te aferras a un fantasma, una sombra de algo que ya no existe. Puede que toda tu vida te siga persiguiendo la culpa; este horrible fantasma puede gobernar tu vida, y te impedirá experimentar el gozo que Dios quiere para ti. Pero no tienes que vivir de esa manera. Dios envió a Jesús para que la culpa no tuviera más poder sobre ti. No te aferres a algo que ahora es solo una ilusión. El amor, el poder y el perdón de Dios son reales.

Nicole nació cuando sus padres tenían cuarenta años. Cuando ella tenía solo cuatro años, su padre murió, dejando esposa y cuatro hijos. A Nicole la llevaban a la iglesia y le dieron un fundamento de fe que más tarde resultó ser indestructible. Luego su madre se volvió a casar, esta vez con un alcohólico. La vida familiar de Nicole cambió drásticamente. Amargada y resentida, Nicole culpaba a sus padres y a Dios por su infelicidad.

A los dieciséis años, Nicole se fue de casa. Buscó el amor y el fin de su dolor interior en las drogas, el alcohol y una relación. Era anoréxica y tenía tendencias suicidas. Después de una pelea con su novio, asustada, desesperada y sola, con un frasco de píldoras para la migraña en la mano, tomó una medida drástica y desesperada. Lo siguiente que supo fue que se despertó con un lavado de estómago. Su compañera de cuarto la encontró a tiempo. Una semana después, descubrió que estaba embarazada. Cuando su novio le dio el ultimátum, «O yo o el bebé», ella eligió el bebé, y en unos meses la asustada adolescente dio a luz.

Con su maternidad recién estrenada, Nicole volvió a la iglesia y a leer la Biblia, pero era un esfuerzo superficial. Todavía llevaba en su interior la culpa y la vergüenza por sus fracasos. No había aceptado el completo perdón de Dios en su vida. Profundamente necesitada de sentirse aceptada, pasó de una mala relación a otra. Entonces su vida quedó completamente desgarrada. Fue violada, no por un extraño, sino por alguien en quien confiaba. «Estaba tan llena de dolor, ira, vergüenza y culpa —recuerda Nicole— que ni siquiera podía orar pidiendo ayuda. La verdad era que tenía miedo de orar. Sentía que estaba recibiendo el castigo por mi vida».

Nicole tomó a su hijo y se mudó a otra ciudad, se inscribió en la universidad y consiguió un trabajo. Unos meses después, perdió su trabajo. Llena de deudas y sin dinero, fue a recoger comida de un banco de alimentos y al regresar a casa encontró el gas cortado. Estaba en todo el rigor de frío y nieve invernal. «Abracé a mi hijo pequeño y lloré», dijo.

Después, tomó otra decisión irresponsable. Quería tanto una familia para su hijo que se casó sin tomar en cuenta que el hombre con el que se casaba era alcohólico y adicto; más tarde se dio cuenta de que trabajaba solo para mantener su vicio. Para agravar sus problemas, se quedó embarazada otra vez. La gota que colmó el vaso fue cuando su marido recogió a su hijo de la guardería y lo llevó consigo a vender droga. Nicole se marchó esa noche con su hijo.

Se mudó a California y dos meses después dio a luz a su segundo hijo. Volvió a encontrar trabajo y siguió con su vida. Poco después, conoció a Justin. A estas alturas, ella no confiaba en nadie, pero con amabilidad y paciente perseverancia, él se ganó su corazón y se casaron. Justin no era un verdadero creyente todavía, y solo cuando nació su hija accedió a la idea de ir a la iglesia. Empezaron a asistir de manera esporádica. Llegó otra sorpresa: Nicole estaba embarazada otra vez, esta vez de gemelas. Pronto tuvieron cinco niños pequeños.

La vida de Nicole era mejor en algunos aspectos, pero sus problemas no habían terminado. Desarrolló un cáncer de garganta y pasó por una cirugía y radioterapia. Seis meses después, su hijo mayor casi muere de una enfermedad muy dolorosa nunca diagnosticada.

¡A estas alturas, Dios ya tenía la atención total de Justin y Nicole! Cuando un amigo los invitó a la iglesia, Dios usó el interés de Justin por la música para atraerlos. Ahora ambos tienen una relación personal con Jesús. Justin toca en la banda de la iglesia, aunque para ello tiene que viajar bastante desde donde viven. Nicole está usando sus experiencias para aconsejar y enseñar a adolescentes embarazadas.

«He aprendido a no culpar a otros por mi dolor, sino a darme cuenta de que son mis elecciones las que me ponen en estas situaciones; yo soy responsable. ¡Ahora, el perdón ha llegado a mi vida!». Uno de sus versículos favoritos es: «Alabado sea el Dios y [...] Padre misericordioso y Dios de toda consolación, quien nos consuela en todas nuestras tribulaciones para que, con el mismo consuelo que de Dios hemos recibido, también nosotros podamos consolar a todos los que sufren» (2 Corintios 1:3-4).

Nicole te diría que no importa cuán grave sea el pecado en el que hayas caído, no importa que tu vida esté marcada por los resultados de tus elecciones, Dios es todo perdón y redención.

Jack Hayford señala que, en el antiguo mundo romano, la palabra *corintio* significaba «podrido hasta la médula». La ciudad de Corinto, situada en la actual Grecia, era famosa por su pecado. En la primera carta de Pablo a los cristianos de Corinto, enumera algunos casos bastante malos: los sexualmente inmorales, los idólatras, los prostitutos, los homosexuales, los ladrones, los avaros, los borrachos, los calumniadores y los estafadores. Los personaliza al añadir: «Y eso eran algunos de ustedes».

Pero Pablo continúa declarando: «Pero ya han sido lavados, ya han sido santificados, ya han sido justificados en el nombre del Señor Jesucristo» (1 Corintios 6:11). Sería maravilloso ser lavada, santificada y limpiada. Pero en su segunda carta a los corintios, Pablo añade un pensamiento aún más asombroso cuando escribe: «El celo que siento por ustedes proviene de Dios, pues los tengo prometidos a un solo esposo, que es Cristo, para presentárselos como una virgen pura» (2 Corintios 11:2).

El pastor Hayford dice:

> *¿Oyes eso, querida? Una virgen pura. ¡Miren esta impresionante declaración de la nueva creación en la Palabra de Dios! ¡Vean cómo los antiguos pecadores y adictos al sexo ahora son declarados «vírgenes»! ¿Puedes imaginarte una declaración más impresionante de lo amplias que son las posibilidades del poder restaurador de Dios, cuando se dedica a recuperar a las personas arruinadas, rotas o manchadas por el pecado?[42]*

[42] Jack W. Hayford, *The Mary Miracle* (Grand Rapids, MI: Baker Publishing Group, 1994), p. 99.

¡Estas verdades son increíbles!

Matt y Jessica estaban encantados porque Dios les envió hijos sanos y buenos a su familia, pero Jessica anhelaba una hija. En el fondo de su mente, sin embargo, seguía pensando que Dios no le daría una niña debido a la vida que había tenido antes de ser cristiana. Creía que Dios no confiaba en ella para criar bien a una hija, por eso le dio hijos. ¡Menuda mentira usó Satanás para influir en su concepto de Dios! Imagina su alegría cuando el tercer hijo que Dios envió a su casa fue una linda niña. Ahora Jessica sabía que «si alguno está en Cristo, es una nueva creación. ¡Lo viejo ha pasado, ha llegado ya lo nuevo!» (2 Corintios 5:17).

Aquí es donde entra tu parte. Dios ha hecho lo que nosotras no podíamos: pagar el precio del perdón de los pecados. Ahora debes estar dispuesta no solo a aceptar su perdón, sino a ignorar esos pensamientos condenatorios que yerguen sus feas cabezas en tu mente. Debes decir: «Sé que Dios ha perdonado este pecado, así que debo perdonarme a mí misma y a los demás».

Esto, por supuesto, resulta más fácil decirlo que

hacerlo. Toda persona con cierta sensibilidad siente culpa por sus pecados. A veces se dicen a sí mismas: «¡Yo no podría perdonar a nadie que me hiciera eso! ¿Cómo puedo aceptar el perdón de Dios cuando he sido tan mala? No puede ser tan sencillo». Sin embargo, esta misma persona puede perdonar los pecados de los demás, incluso los que la afectan personalmente. Puede comportar un poco de lucha emocional, pero la mayoría de nosotras somos básicamente personas que perdonan.

Entonces, ¿por qué no podemos perdonarnos a nosotras mismas? ¿Por qué nos castigamos durante años por un error que Dios y los demás implicados han olvidado hace tiempo? Esta negativa a aceptar el perdón y la limpieza de Dios no es buena. Dios te ha dado el mayor regalo que podrías imaginar, y le decimos: «No, gracias. No creo que sea digna de ello, así que te lo devuelvo». ¿Cómo te sentirías si tu hijo dijera eso en Navidad? ¿Y si tu mejor amiga te dijera eso cuando le dieras un regalo de cumpleaños? No lo entenderías, ¿verdad? Pensarías *¿Qué diantres?* y te enfadarías. «¿Es que mi regalo no es lo suficientemente bueno para ti? ¿Qué querías entonces?». Y puede que salieras dando un portazo.

No importa lo que sintamos con respecto al perdón de Dios, no importa lo indignas que creamos ser, si nos negamos a aceptar su perdón y elegimos escuchar a Satanás, herimos profundamente a Dios.

Ningún pecado es tan malo como para que el sacrificio de Cristo no lo expíe. ¿Puedes creerlo? Entonces resiste a Satanás cuando trate de atormentarte con los fantasmas de tus viejos pecados. Acepta lo que Dios declara como verdad sobre ti. Pídele al Espíritu de Dios que controle tu pensamiento, ya que «permitir que el Espíritu les controle la mente lleva a la vida y a la paz» (Romanos 8:6 NTV). Pídele a Dios que te ayude a empezar a vivir en la libertad del perdón.

Jesús vino a nuestro mundo porque todos habíamos pecado. Vino por *ti*. Nada de lo que hayas hecho podría hacer que él se olvidara de ti. Amy Carmichael escribe:

> *Para mí, una de las pruebas de que la mano de Dios está detrás de y en este maravilloso libro que conocemos como la Biblia es la forma en que aborda continuamente este mismo*

temor en nosotros, el temor de que somos tan insignificantes que no cabe que se acuerden de nosotros. Que no somos nada. Inconscientemente, su Palabra se enfrenta a este temor y le da respuesta, no siempre con una declaración directa, pero sí a menudo con una historia breve, simple y encantadora.

Juan, contemplando la eternidad a través del fino velo del tiempo, vio a su Señor, el Señor al que había visto traspasado, que ahora tenía en su mano siete estrellas. Juan declara: «Caí a sus pies como muerto». Inmediatamente —como si este caído importara más que las siete estrellas, como si no hubiera estrellas— puso «su mano derecha sobre mí» (Apocalipsis 1:17).

¿No es hermoso que no recibiera ninguna reprimenda por su debilidad humana? Tampoco hay nunca una reprimenda por nuestras debilidades. «¡Gritos de auxilio de los heridos! [...] Dios nada malo ve en ello» (Job 24:12 BLPH).[43]

---

[43] Amy Carmichael, *You Are My Hiding Place* (Minneapolis: Bethany House, 1991).

Tú eres importante para Dios.

La culpa puede ser saludable. Puede mostrarnos lo que hay que cambiar en nuestras vidas. Sin embargo, no es lo mismo la culpa que la vergüenza. La culpa dice: «Hice algo malo (que necesito tratar con Dios)», pero la vergüenza dice: «Soy mala». La convicción de pecado viene de Dios; la vergüenza, no. Dios te ofrece el regalo del perdón por medio de su Hijo Jesucristo. Todo lo que tienes que hacer es extender la mano y tomarlo.

Corrie ten Boom tiene una maravillosa ilustración sobre cómo lidiar con el pasado:

La culpa es una experiencia útil porque muestra dónde están mal las cosas. Es peligroso que no exista ninguna culpa en absoluto, como la ausencia de dolor cuando alguien está enfermo.

Cuando pertenecemos a Jesús no estamos llamados a cargar con nuestra culpa nosotros mismos. Dios ha cargado sobre Jesús los pecados de todo el mundo. Lo que tienes que hacer es contarle todo, confesar tu culpa y tu pecado

y arrepentirte, y entonces él te limpiará y
arrojará todos tus pecados a las profundidades
del mar. No olvides que hay un cartel que dice
«Prohibido pescar». [44]

ABRAZA LA PALABRA

Una cadena de perdón

Esto es lo que queremos que hagas. Abre tu Biblia en 1 Juan 1:9. Es uno de los versículos que mejor ayudan a tratar el pecado y el perdón: «Si confesamos nuestros pecados, Dios, que es fiel y justo, nos los perdonará y nos limpiará de toda maldad».

Junto a ese versículo de tu Biblia, escribe una referencia a Efesios 1:7: «En él tenemos la redención mediante su sangre, el perdón de nuestros pecados, conforme a las riquezas de la gracia». Ahora vuelve a Efesios 1:7, y al lado escribe Salmos 130:4, que dice: «Pero en ti se halla perdón, y por eso debes ser temido».

Continúa la cadena de versículos escribiendo junto a ese versículo Salmos 103:12 (NTV): «Llevó nuestros pecados tan lejos de nosotros como está el

[44] Corrie ten Boom, *Cada nuevo día* (El Paso, TX: Mundo Hispano, 1981).

oriente del occidente». El siguiente versículo de la cadena es Isaías 43:25 (NTV): «Yo, sí, yo solo, borraré tus pecados por amor a mí mismo y nunca volveré a pensar en ellos». Junto a Isaías 43:25, escribe Miqueas 7:19 (NTV): «Volverás a tener compasión de nosotros. ¡Aplastarás nuestros pecados bajo tus pies y los arrojarás a las profundidades del océano!».

Tómate el tiempo de escribir lo que cada uno de esos versículos de la Cadena del Perdón dice sobre el pecado que no te has perdonado a ti misma. Confiesa tu pecado a Dios y concuerda con él en que lo que hiciste estuvo mal. Entonces recuerda que fue por tu pecado por lo que Jesús murió en la cruz. La buena noticia es que no tienes que encontrar a Dios de buen humor para ser perdonada. De hecho, te ruego que entiendas que si Dios va a perdonarte no es solo porque te ama. Él ha prometido perdonarte porque su Hijo ya ha pagado la pena por ese pecado. No estás en deuda con Dios por ese pecado. El precio ha sido pagado por adelantado, y estás libre de deudas en cuanto confieses el pecado a Dios y aceptes su perdón.

¿Le has confesado tu pecado? ¿Te ha perdonado? La Biblia dice que lo hará. Cree que él cumple su palabra, y resiste a la voz de Satanás, que quiere acusarte del pecado que Dios te ha perdonado. Al diablo se le llama «el acusador de nuestros hermanos, el que los acusa ante nuestro Dios día y noche» (Apocalipsis 12:10 NTV).

Tammy De Armas trabaja con mujeres en situación delicada en un centro de embarazos en crisis del sur de California. Ella dice que hasta el momento en que una mujer aborta, Satanás le susurra al oído: «Esta es la mejor opción. ¡Resolverá todos tus problemas!», y, en el *momento* en que lo lleva a cabo, la escarnece, «¡¿Qué has hecho?! ¡¿Qué has hecho?!».[45]

Sí, a Satanás le encanta atormentar a las mujeres. Antes de ser expulsado del cielo por tratar de ser igual a Dios, la Biblia nos dice que Satanás era deslumbrantemente hermoso, «de hermosura perfecta» (Ezequiel 28:12), adornado con gran gloria, cubierto de piedras preciosas. Era lo más hermoso que Dios había creado, y luego pecó pensando con orgullo que debía ser igual a Dios, y fue expulsado del cielo.

Desde que Eva fue creada como la corona de la creación, hermosa en forma y espíritu, Satanás ha

---

[45] Entrevista personal, junio de 2019.

ido tras ella, tras nosotras, instigando la opresión y la violencia sexual en todas las culturas.

Pero Apocalipsis 12:10 también dice que habrá un final para esto; un día, Satanás será destruido, pero hasta entonces podemos resistir los esfuerzos del diablo por derrotarnos con acusaciones que son mentiras, no la verdad.

> *«Desde el principio este [Satanás] ha sido un asesino, y no se mantiene en la verdad, porque no hay verdad en él [...] porque es un mentiroso. ¡Es el padre de la mentira!»*
> *(Juan 8:44).*

> *Humíllense delante de Dios. Resistan al diablo, y él huirá de ustedes. Acérquense a Dios, y Dios se acercará a ustedes*
> *(Santiago 4:7-8 NTV).*

> *¡Estén alerta! Cuídense de su gran enemigo, el diablo, porque anda al acecho como un león rugiente, buscando a quién devorar. Manténganse firmes contra él y sean fuertes en su fe. Recuerden que su familia de creyentes en todo el mundo también está pasando por el mismo sufrimiento (1 Pedro 5:8-9 NTV).*

Aquí hay una cosa más: ya que Satanás se dedica a tratar de hacerte dudar de la Palabra de Dios, probablemente deberías añadir un versículo más a tu Cadena del Perdón, uno que no trata del perdón, sino de tus pensamientos:

Destruimos argumentos y toda altivez que se levanta contra el conocimiento de Dios, y llevamos cautivo todo pensamiento para que se someta a Cristo (2 Corintios 10:5).

VAYAMOS MÁS LEJOS...

1. Antes de poder perdonarme a mí misma o a otra persona, debo primero coincidir con Dios en que ese pecado fue algo malo. Si perdonar no significa solo decir: «Está bien; no importa», ¿qué significa perdonar realmente a alguien (o a ti misma)?

2. ¿El perdón es un hecho o un sentimiento? Explica la diferencia.

3. ¿Qué significa para ti que en 2 Corintios 11:2 el apóstol Pablo diga que los creyentes son «vírgenes puras»?

4. ¿Qué significa para ti llevar «cautivo todo pensamiento para que se someta a Cristo» (2 Corintios 10:5)? Da un ejemplo práctico relacionado con el perdón.

Amado Dios, a veces me cuesta creer que puedas amarme de verdad. Puedo esconder ante los demás algunos de mis pecados y errores, pero no puedo esconderlos de ti. Tú sabes todo lo que he hecho. Y, aun así, Dios, me amas. Me amaste tanto que enviaste a tu Hijo a quitar mi pecado. Por mucho que lo intente, nunca podré comprender tu amor.
No puedo hacerme a la idea de que, desde tu perspectiva, todos los pecados de mi pasado ya no existen.
No, nunca entenderé tu amor y tu perdón.
Lo único que puedo hacer es decir gracias.
Amén.

CAPÍTULO 10

Personalmente

¡Nosotras también tenemos luchas!

¿Te preguntas si nunca hemos tenido lucha con cuestiones de nuestro valor personal? Por supuesto. (¡Si no, no habríamos escrito este libro!). Todas podemos tener luchas de diferentes maneras, pero la esperanza de todas nuestras luchas se encuentra en él. Aquí contamos un poco sobre la travesía de nuestra identidad personal.

DARLENE:

En mi infancia y juventud, las personas que más admiraba eran extrovertidas. Y conocía a muchas, ya que mi padre era pastor, y constantemente entraban y salían destacados líderes cristianos y misioneros de nuestra casa. Al ser hija única, pasaba bastante tiempo escuchando conversaciones de adultos entre mis padres y esta gente fascinante, cuando no estaba sentada escuchándolos hablar en los servicios de la iglesia (estuve *mucho* sentada y escuchando). Contaban historias sorprendentes sobre cómo esquivar la muerte uniéndose a los nativos de Bolivia en sus danzas tribales, nativos que al principio planeaban matarlos; sobre las piedras que les tiraban al predicar en Colombia porque eran creyentes; sobre hablar con cientos de personas y verlas tomar la decisión de recibir a Cristo en sus vidas. Y, en mi mente, todos eran extrovertidos.

Yo también sentí el llamado de Dios en mi vida, pero yo era introvertida. ¿Qué podría hacer Dios conmigo? Tenía la impresión de que, si eras introvertida, nunca serías tan importante o valiosa como la persona que siempre saldría elegida como líder, aquella que tiene una «gran» personalidad y buena capacidad de hablar en público, la que no trata a nadie como a un desconocido. En mi mente, extrovertida era más valioso que introvertida. Pero ¿es eso cierto?

Para entender las cosas, primero tenía que entender la diferencia entre un extrovertido y un introvertido. Aprendí, dicho con sencillez, que una persona extrovertida es la que extrae su energía de estar con la gente. Puede que esté cansadísima al final del día, casi incapaz de poner un pie delante del otro, pero tiene una fiesta a la que asistir esa noche, así que de mala gana se ducha, se viste y conduce hasta la fiesta. Cuatro horas más tarde, la extrovertida, que estaba tan cansada que apenas podía arrastrarse hasta allí, es una de las últimas en irse. Es vibrante y llena de energía, despierta y encantadora hasta el final. ¿Por qué? Porque saca energía de estar con la gente. La actividad social le recarga las baterías.

¿Y la introvertida? Ella también recibió una invitación a la fiesta. Llega, disfruta hablando en intimidad con uno o dos amigos íntimos, y treinta minutos después está deseando volver a casa. (¡Lo sé muy bien!). Cuanto más se alarga la noche, más cansada está. La fiesta, en lugar de recargarla, le quita la energía. Pero al día siguiente tiene una noche en casa para ella sola, y trabaja en planes para redecorar su apartamento. Las horas pasan hasta que mira el reloj y descubre que es medianoche. Sin embargo, se siente más revitalizada que cuando empezó. Ella extrae su energía de fuentes completamente diferentes a las de los extrovertidos.

Me llevó mucho tiempo aprender que nunca podemos decir que la vida de un extrovertido es más significativa que la de un introvertido; simplemente son diferentes. Mientras que el introvertido puede desear ser más extrovertido en situaciones sociales, el extrovertido puede irse a casa después de un evento, pensando: «¿Por qué hablé tanto esta noche? ¿Por qué no puedo mantener la boca cerrada?».

Me alegro mucho por los extrovertidos. Si no fuera por ellos, la vida sería ciertamente aburrida. Tendríamos menos fiestas, eventos sociales y reuniones familiares. Nos reiríamos mucho menos y estaríamos mucho más solos. Por otro lado, con el tiempo adquirí un nuevo respeto por las personas introvertidas, incluida yo. Aprendí a apreciar los dones que Dios me había dado y que eran diferentes a los de los extrovertidos. Me di cuenta de que, si no fuera por los introvertidos de este mundo, habría menos investigación científica. Las obras de arte complejas estarían inacabadas, porque el extrovertido no tendría la paciencia para acabarlas.

Probablemente no se compilarían libros de teología. Y quizás nunca se escribirían los programas informáticos porque los trabajos exigentes y a largo plazo de la vida dependen de los introvertidos.

Casi fue una sorpresa para mí ver que ser introvertida no ha significado que no pudiera lograr cosas significativas con mi vida. Como muchas personas introvertidas, he descubierto que plasmar palabras en el papel me es más fácil que hablar. Tener que improvisar unas palabras, como para un programa de entrevistas, basta para provocarme un leve ataque de pánico. Así que mi primer amor ha sido escribir, y eso me ha llevado a publicar unos quince libros en varios idiomas, como ruso, ucraniano, español, coreano, uzbeko, indonesio, albanés y chino. Además, dirijo un programa de radio semanal de dos minutos traducido a varios idiomas y que se escucha en muchos países. ¡¿Quién lo hubiera pensado?! Escribo en un blog semanal disponible en Facebook y por suscripción gratuita. Y disfruto hablando tanto con mi marido en conferencias sobre matrimonio y familia como por mi cuenta en estudios bíblicos, retiros y grupos de mujeres. Sin embargo, deja que te advierta que, si eres introvertida, pasarás *horas y horas* preparándote para esos momentos de hablar en público, porque será muy importante para ti pensar a conciencia en lo que quieres decir.

Pero ¿te cuento un secreto? Aunque me encanta hablar para grupos, estar ahí y hablar antes y después de mis charlas es un *suplicio* para mí. A veces, mi única vía de escape en un evento ha sido retirarme al baño para estar sola y recargar mis baterías. ¡Así es! Ahora sabes la verdad. Las amo a todas, ¡solo es que prefiero dialogar con ustedes de una en una! Puede que no hable incesantemente, pero soy buena escuchando.

En lo que respecta a mujeres destacadas en el mundo cristiano, tengo una heroína a la que admiro: Elisabeth Elliot, que fue misionera, profesora universitaria y una destacada oradora y escritora, e influyó en la vida de miles de personas (ver capítulo 6). Sin embargo, en una entrevista de televisión, a menudo respondía a las preguntas de su entrevistador con respuestas de una sola palabra, porque a esta mujer tan inteligente y dotada, de pensamiento profundo y prolífica escritura, no le resultaba fácil hablar con espontaneidad. Para mí, ella es la prueba positiva de que Dios usa a los introvertidos.

Si no fuera introvertida, nunca habría escrito la edición original de *Creada con un propósito* mientras trabajaba en mis cosas. El libro no habría estado en la tienda de regalos de un hospital cuando una administradora de este miró en el estante superior buscando consejo cuando se estaba planteando el suicidio. Tampoco habría estado en el expositor de libros de un estacionamiento para camiones cuando una joven compró algo para leer mientras huía de casa con su novio camionero. Leyó la mitad del libro y le insistió en que se detuviera y la dejara salir para que su padre la recogiera. ¡Vidas que dieron un giro!

Ser introvertida o extrovertida puede importar para tu popularidad, pero no tiene nada que ver con tu valor a los ojos de Dios. Dios hizo tanto a las introvertidas como a las extrovertidas porque tiene una tarea especial para cada una de nosotras. Cada una de nosotras está dotada para esa labor. El apóstol Pablo nos recordó que «cada uno tiene de Dios su propio don: este posee uno; aquel, otro» (1 Corintios 7:7). «Porque somos hechura de Dios, creados en Cristo Jesús para buenas obras, las cuales

Dios dispuso de antemano a fin de que las pongamos en práctica» (Efesios 2:10). Lo único que pide es que pongamos todo lo que nos ha dado, sea lo que sea, en sus manos.

BONNIE:

Cuando estaba en la universidad, sucedió lo impensable. Me reprobaron. Bueno, no es que hubiera sacado una F en una asignatura. En realidad obtuve una B. Pero escribí a casa: «Estoy muy avergonzada. No hice lo mejor que pude y desearía estar muerta». Lo que realmente pasó para «arruinar» mi perfecto promedio de notas fue que me senté en la última fila durante la clase de Biblia e hice el tonto (y me divertí) porque, después de todo, era hija de pastor y de misionera y, «Bueno... sí, ya lo sé todo sobre la Biblia».

Me declaro plenamente culpable de ser una perfeccionista. Una perfeccionista controladora y testaruda. Estamos siendo autocompasivas, aunque en estos días, y con el paso del tiempo y la obra del dolor y de Dios en mi vida, he llegado a comprender de dónde venía mi necesidad de ser «perfecta».

También sé que no soy la única que ha luchado con este tema en particular. El psicólogo David Stoop habla de la «aversión a pertenecer al promedio, que se infiltra en cada área de nuestras vidas».

> *Queremos el matrimonio perfecto con la pareja perfecta. También queremos ser padres perfectos que crían hijos perfectos, que no nos exigen nada y hacen todo bien [...]. Por supuesto, eso significa que tenemos que ser perfectas. Queremos dientes perfectos, piel perfecta, peso perfecto y salud perfecta. Soñamos con una familia, una comunidad, un país y un mundo en paz, todo en perfecta armonía.*[46]

He aprendido que mi afán por ser «perfecta» tenía mucho que ver con lo que los demás pensaban de mí. Mi sentido de dignidad personal no procedía ni de mi interior ni de quien Dios afirmaba que yo era. Intentaba complacer, comportarme y ser perfecta para gustarte, para que pensaras que era especial y me aceptaras.

---

[46] David A. Stoop, *Living with a Perfectionist* (Nashville: Thomas Nelson, 1987), p. 49.

Mi dormitorio universitario era parte de un conjunto de cuatro edificios altos que estaban conectados por un vestíbulo enorme lleno de zonas para sentarse y rodeado de paredes de vidrio. Lo llamábamos «la pecera» porque allí es donde te sentabas para ser vista. Era muy importante con quién te sentabas, sobre todo si era un miembro del sexo opuesto. La gente estaba mirando. Como había crecido como hija de padres en el ministerio y había tenido que estar «a la vista», me sentía muy cómoda en este ambiente. Había crecido en una pecera. Me aseguraba de alisar mi pelo rizado y crespo por última vez y de ponerme una nueva capa de brillo labial antes de presentarme en ese espacio. La presentación lo era *todo*.

Este deseo de ser y tener una vida que pareciera «perfecta» me llevó a soportar décadas de maltratos y adulterio, luciendo bien por fuera y «fingiendo» en un matrimonio de veintisiete años, mucho después de que quedara claro que había cometido un error colosal. Más que un mal hábito, mi perfeccionismo también tuvo un impacto devastador en los que amo.

En el interior, escondía a una chica muy asustada que, en octavo grado, había tenido que mudarse de repente a un nuevo país y cultura. Después de unos años en el extranjero, totalmente aislada de mi cultura adolescente de Estados Unidos, regresé al sur de California, sintiéndome como una completa marciana y segura de que lo parecía, cuando me inscribí en una escuela secundaria de cuatro mil alumnos. No conocía a nadie. Ser *cool* era imprescindible, pero yo podía ser perfectamente... ¡inteligente!

La doctora Brené Brown, investigadora de la vergüenza, presenta una genial definición de lo que es el perfeccionismo:

> *El perfeccionismo es un sistema de creencias autodestructivo y adictivo que alimenta el siguiente pensamiento primario: «Si tengo un aspecto perfecto, vivo perfectamente y hago todo a la perfección, puedo evitar o minimizar los dolorosos sentimientos de vergüenza, juicio y culpa».*[47]

Además añade: «El perfeccionismo es una meta inalcanzable».[48]

---

[47] Brené Brown, *Los dones de la imperfección* (Móstoles: Gaia, 2012), pp. 62-63.

[48] Ibíd., pp. 62-63

Tal vez no tienes luchas con el perfeccionismo. Tal vez crees que estarás a la altura cuando:

- pierdas diez kilos
- puedas quedarte embarazada
- te devuelva la llamada y te invite a salir otra vez
- te mantengas sobria
- tus hijos te hagan sentir orgullosa
- termines tu carrera
- consigas ese trabajo
- pagues tus deudas
- cumplas ese sueño

Jesús no nos dice que tenemos que ser perfectas o lograr cualquiera de las cosas de esa lista.

Después una década de investigación, hablando con miles de personas, Brown dijo que «Una sola cosa separaba a los hombres y mujeres que sentían un profundo sentido de amor y pertenencia de las personas que parecen estar luchando por dicho sentido. Esa única cosa es la creencia en su dignidad».[49]

Se pregunta: «¿Cómo aprendemos a aceptar nuestras vulnerabilidades e imperfecciones para

---

[49] Brené Brown, *Los dones de la imperfección* (Móstoles: Gaia, 2012), p. 23.

poder involucrarnos en nuestras vidas desde una posición de autenticidad y valor? ¿Cómo cultivamos el coraje, la compasión y la conexión que necesitamos para reconocer que somos suficientes, que somos dignas de amor, de pertenencia y de alegría?».[50]

¿Un profundo sentido de amor y pertenencia? ¿Involucrarse en la vida desde una posición de autenticidad y valor? Esperamos que, al haber llegado a este punto del libro, te animes con estas palabras. Porque esto es justo lo que hemos estado diciendo que Jesús ha hecho posible para nosotras. Podemos ser únicamente quienes él tenía en mente al crearnos ¡porque podemos saber en qué se fundamenta nuestra identidad, nuestra valía.

Brown nos insta a realizar una «práctica diaria de dejar lo que creemos que debemos ser y abrazar lo que somos».[51] Oh, si creáramos el hábito diario de sentarnos con Jesús, abandonando la idea de quien creemos que debemos ser y abrazando *quién* dice Dios que somos en su carta de amor llamada la Biblia y cuando nos recuerda con dulzura de *quién*

---

[50] Brené Brown: Graduate School of Social Work—University of Houston, 22 abril 2019, https://www.uh.edu/socialwork/about/faculty-directory/b-brown/.

[51] Ibíd.

somos. La escritora Ann Voskamp lo dice muy claramente: «Es tu intimidad con Cristo la que te da tu identidad [...]. Cuando tu identidad está en Cristo, tu identidad es igual ayer, hoy y mañana. Las críticas no pueden cambiarla. Los fracasos no pueden zarandearla. Cuando tu identidad está en la Roca, es sólida como la roca. Mientras Dios esté por ti, no importa qué montaña surja delante de ti. Tú no eres tu ayer, tú no eres tus desastres, tú no eres tus fracasos, tú no eres tu quebrantamiento. Tú tienes la valentía suficiente para hoy, porque la tiene Dios. Tú tienes la fuerza suficiente para lo que se avecina, porque él la tiene. Y tú eres suficiente para todo lo que hay, *porque Dios siempre lo es*».[52]

¡Puedes vivir tu vida desde un sólido sentido de tu identidad y desde la seguridad de que eres digna, *oh cuán* digna, de amor, pertenencia y alegría! Cultivar el coraje, la compasión y la conexión son cosas buenas y útiles. Pero nunca serán suficientes para satisfacer tu anhelo de estar completamente convencida, de saber en lo más profundo de tu ser, cuán amada eres porque eres amada por Aquel que dio absolutamente todo para que pudieras conocer, vivir

---

[52] Ann Voskamp, *Quebrantamiento* (Nashville, TN: Vida, 2017), 196.

y respirar este amor. Escribe estas sencillas verdades
en tu corazón:

> *«Con amor eterno* te he amado; *por eso te*
> *sigo con fidelidad» (Jeremías 31:3, énfasis*
> *añadido).*

> *«No tengas miedo, porque he pagado tu res-*
> *cate; te he llamado por tu nombre;* eres mío»
> *(Isaías 43:1 NTV, énfasis añadido).*

¿Sentiremos todas vergüenza de vez en cuando? Sí.
¿Recuerdas a Satanás, el padre de mentira? Me gusta lo que Brown sugiere que hagamos en tiempos de
vergüenza: «No te encojas. No te envanezcas. Man-
tente en tu terreno sagrado».[53]

¡Lo que hace sagrado el terreno sobre el que estás
parada es lo que Jesús ha hecho por ti y lo que él dice
de ti! Dice que te ha amado, te ha atraído hacia sí con
bondad, te ha rescatado, te ha llamado y eres suya.

¡Adelante! Parafraseando Filipenses 3:12, no es
que ya hayamos llegado ni que ya seamos perfectas;

---

pero seguimos adelante, para encontrar —vivir— ese propósito para el cual Jesús nos tomó a cada una de nosotras. Hemos dicho que nuestro propósito es vivir nuestro mundo real, la vida diaria para la gloria de Dios.

Vivir «para la gloria de Dios» o «darle la gloria» puede ser algo difícil de entender. ¿Qué significa para ti? ¿Para mí? ¿Es una carrera profesional? ¿Es una especie de llamamiento espiritual? Hemos hablado de detenernos a pensar en quiénes somos como individuos, nuestro «MOLDE» (Capítulo 5, Pregunta 1). Muy a menudo miramos a nuestro alrededor para tratar de averiguar quiénes somos y qué se supone que debemos hacer con nuestras vidas. Recuerda que Filipenses 3:12 no habla de la razón por la que Dios *nos* alcanzó a *todos*... Pablo usa la primera persona. Tu «propósito» será algo que te dé una profunda satisfacción.

En la película premiada en los Óscar, *Carros de fuego*, se cuenta la historia de Eric Liddell. Eric nació para correr. También nació para ser misionero en China. Antes de ganar una medalla de oro en los Juegos Olímpicos de 1924 en París, su hermana le instó a dejar de correr y a dedicarse a su carrera como misionero, la obra *más importante*, ¿no es así? Eric le respondió con estas palabras: «Dios me hizo rápido. Y, cuando corro, siento que eso le complace».

El propósito de Dios para ti puede diferir en las diferentes etapas de tu vida. Pero, cuando hagas su voluntad, sentirás su complacencia, porque estás cumpliendo el propósito para el que te creó.

¿Y AHORA QUÉ?

Esto es lo que el yo sano sabe: sí, estás llena de imperfecciones, dotada en algunas áreas y limitada en otras. Es posible que parezcas, o no, importante, de la manera en que nuestro mundo juzga la importancia, pero eres muy valiosa para Dios. Él pagó un gran precio para darte el perdón y permitirte tener una relación con él a través de la muerte de Cristo en una cruz.

Si tienes luchas con tu sentido de identidad, decide aquí y ahora que vas a hacer lo siguiente:

1. *Aceptaré la muerte de Cristo en la cruz como pago suficiente por todos mis pecados.* Dios prometió perdonarte si le confiesas tus pecados. Decide conscientemente confiar en su palabra cuando dice que la pizarra ha sido borrada.

2. *Voy a perdonarme por los errores de mi pasado.* Recuerda que Satanás es el que trae continuamente a tu mente los viejos pecados ya perdonados. Reconoce sus intentos de derrotarte acusándote de un mal por el que Dios ya te ha perdonado, y luego

resístelo con las fuerzas de Dios.

3. *Aceptaré mi dignidad basándome en lo que Dios dice sobre mi valor.* Reconoce que superar los viejos esquemas requiere tiempo y determinación. Cuando lees la Biblia, construyes con un principio sobre otro hasta que las promesas de Dios se convierten en la base sobre la que fundamentar tu nueva vida. Ten siempre presente que eres una hija de Dios, la hija del Rey (1 Juan 3:1).

4. *Me pondré en seguida a cuentas con Dios.* Cuando peques, vuélvete inmediatamente a él. Admite el horror de tu pecado. Asume la responsabilidad por ello. Luego pide y acepta el perdón que él te ofrece. Si haces esto, no te agobiará una conciencia culpable.

5. *Decidiré* aferrarme al *propósito que él tiene para mi vida.* Tal vez no sientas que Dios te está usando para un propósito duradero, pero decide por fe confiar en su promesa y esperar los resultados. No hay diferencia entre una «vocación» espiritual y una carrera vocacional. Nuestra vocación, no importa cuál sea, es espiritual porque viene del Espíritu Santo y habla de nuestro espíritu. Para los creyentes, no

hay distinción entre lo «santo» y lo mundanal. Así que vivir el propósito de Dios en tu vida tampoco significa que estés libre de problemas o incluso de tragedias. Tu sufrimiento, sin embargo, no será desperdiciado, sino que Dios lo usará.

6. *No permitiré que nadie me haga sentir inferior, así como me niego a considerarme mejor que nadie. ¡Por la gracia de Dios, yo seré yo!*

Recuerda, no eres un error, eres una obra maestra en potencia. A medida que pones tu vida en las manos de Dios y confías en él, Dios te convertirá en la obra de arte única que tenía en mente al diseñarte. Solo en la eternidad verás y comprenderás el cuadro completo que forma la obra de Dios en tu vida.

ACERCA DE LAS AUTORAS

Darlene Sala vive en Mission Viejo, California. Ella y su marido, Harold, fundaron el ministerio Guidelines International, un ministerio cristiano que comparte devocionales vivificantes en más de quince idiomas en todo el mundo, por las ondas y en la red. Su devocional en audio, *Encouraging Words*, se puede encontrar en guidelines.org. Darlene escribe para mujeres, es autora de más de quince libros. Es oradora, madre de tres hijos adultos y abuela de ocho nietos, siete niños y una princesa.

Bonnie Sala también vive en Mission Viejo, California. Dirige el ministerio Guidelines como presidenta y es copresentadora del devocional en audio *Guidelines for Living*, que se puede escuchar en la radio y en guidelines.org. Bonnie es escritora, conferencista, madre de dos hijos adultos y lo que más ama es alentar a las mujeres de todo el mundo con la esperanza en Cristo.

Para ayuda adicional,
escribe a Darlene Sala o a Bonnie Sala
info@guidelines.org
www.guidelines.org

Guidelines International
26161 Marguerite Parkway, Suite F
Mission Viejo, CA 92692
949-582-5001